A BASIC WAY TO CREATIVE ENGLISH

시사문화사

옥윤영(玉潤令)
MSU(Michigan State University)에서 Criminal Justice를 수학했으며, 귀국 후 1996~2010년 현재까지 현대외국어학원에서 원장을 역임하며 강의 중에 있다.

A BASIC WAY TO CREATIVE ENGLISH

2009년 3월 15일 초판 1쇄 찍음
2010년 4월 20일 초판 2쇄 발행

지은이 옥윤영 | **편집장** 김민정 | **마케팅** 김형석
펴낸곳 시사문화사 | **펴낸이** 김성민 | **등록번호** 2-124 | **전화** (02)716-5465(대) | **팩스** (02)714-5194
주소 서울시 마포구 신수동 448-6 | **E-mail** sisamin@empal.com

영어문장 만드는 방법

– 원리편 –

문장 18가지를 살리고, 어순에 따라, 주요 문법 다섯 가지를 활용해서
쓰거나 말하는 영어 공부법

1. 영어문장 18가지를 연습토록 하는 「보물지도」
2. to부정사 · 현재분사 · 동명사를 「동작변신」으로 설명하는 방법
3. 수동태 · 완료형 · 보어를 「~상태」로 묶어 놓은 것
4. 5형식 문장을 문장 2개와 비교해 놓은 것
5. 관계사에 뜻을 부여한 것
6. 전체적으로 품사론을 사용하지 않고 「18가지 문장」과 「어순」만으로 영문법을 설명

위의 6가지 방법은 기존의 영어 어순 공부법을 완성시켜주는 것이며, 초등학교 과정에서도 사용할 수 있을 정도로 쉬운 것이며, 작문을 통해 영문법을 익히도록 하는 특징을 갖고 있다.

그러므로 「문장 만들기 연습 10단계」 구성체계를 포함한 이 책의 전개방식은 저작권법에 의해 보호된다.

내용문의 : 017-373-3649(현대외국어학원 원장 옥윤영)
E-mail : 18patterns@naver.com
홈페이지 : http://cafe.naver.com/18patterns

머리글

다른 사람이 써놓은 글을 해석도 많이 해보고 다른 사람이 녹음해 놓은 것을 많이 들어보기도 했을텐데, 과연 우리 학생들이 자기가 표현하고자 하는 내용을 창의적으로 만들어 보려는 노력을 하고 있을까? 그런 노력을 하고 있다면, creative writings를 한다는 얘긴데…. 또 「회화」를 해야 한다고 많이들 얘기는 하지만…. 과연, 말 만드는 연습(creative speakings)을 하고 있을까?

남이 만들어 놓은 표현법을 그대로 암기하는 것이 과연 올바른 「회화」 공부법일까? 도대체 언어를 「암기」로만 해결하겠다는 것이 옳은 생각일까?

「작문」과 「말하기」는 많이 읽고 많이 듣고 나면 자동적으로 할 수 있게 되는 그런 것이 아니라, 「읽기」 「듣기」와 같은 시기에 시작해서 같은 기간 따로 연습하며 차츰차츰 익혀나가야 하는 것이다. 즉 영어공부를 시작하는 단계에서부터 해야 한다.

그런데도 우리나라의 초·중·고등학교 과정에서 창의적 작문(creative writings)과 말하기(creative speakings)의 테스트가 있다는 얘기를 들은 적이 없다. 시험이 없으면 학생들이 공부하려고 할 리가 없고, Program을 개발하고자 하는 노력도 없을 것이다.

그러나 최근 들어 Toefl과 Toeic에 「writing」과 「speaking」의 테스트가 추가되었으므로, 그에 따른 준비가 필요하다.

그러므로 무슨 수를 쓰더라도 초등학교 과정부터 창의적인 작문과 창의적인 말하기가 교육되어야 한다.

우선 「작문」과 「말하기」는 스스로 만들어 본다는 점에서 같다. 느리지만 보다 논리적이면 좋은 작문이고, 빠른 반면에 약간 쉬운 어휘를 사용해도 되는 것이 말하기이고, 더 나아가 상황에 맞게 적절한 순발력을 갖고 반응을 보일 수 있으면 「회화」인 것이다. 그리고 그 기초에는, 문장력 즉 문장을 만들어 내는 능력이 있다.

여러분이 다음 세 가지를 유념하여 영어 문장을 꾸준히 만들어 본다면, 작문과 말하기로 통하는 영어학습의 지름길을 발견할 수 있게 될 것이다.

① 18가지 영어문장들 중 내가 필요로 하는 문장을 쉽게 꺼내 쓰기
② 우리말에는 없는, '묻는 말 넣기(어순)'를 연구해서 물이 흐르는 듯한 의미의 전개를 터득하기
③ 주요 영문법 5가지(기초단계에서 꼭 필요함)를 자기 것으로 만들기

-Acknowledgments-

Special thanks to Paul Tapper, Martin Samuel, Wallis Buchan and Kaye Tomlinson who contributed to the development of this book.

Without their assistance in editing and understanding, it would not have been possible.

Contents

1 영어문장이란?

2 어 순

3 주요 영문법 5가지

4 영어문장 만들기 : 각 단계 100개씩 총 1,000개 문장 만들기

영어문장과 어순연습

주요 영문법 5가지 연습

이 책을 쓰게 된 이유

① 「문장」을 세우게 하려고

우리는 영어학습 초기단계에서 단어는 끊임없이 암기하면서도 영어에 있는 18가지 문장형태에 대해서는 그만큼 눈길을 주려하지 않는다. 그래서 문장은 못 살리고 「단어 · 숙어」만으로 영어공부를 어찌어찌 해보려고 한다. 그 결과 많은 학생들이 사용하는 영어를 보면 「문장」이 죽어 있다. 그러므로 그 죽어 있는 문장을 살려내야 한다.

② 「어순」감각을 익히게 하려고

지금 한창 연구되고 있는 「직독직해」 「직청직해」 공부법이 더욱 활발하게 알려져야 한다. 영어문화권에 있는 사람들은 어렸을 때부터 자연스럽게 그들만의 「어순」을 체득한다. 그러나 우리는 그런 환경을 갖고 있지 않으므로, 연습을 통해 그것을 익혀나갈 수밖에 없다.
「어순」을 맞추는 연습은 쓰기와 말하기에서 더욱 필요하다.

③ 「영문법」을 쉽게 터득하게 하는 방법을 찾게 하려고

아무리 쉬운 이야기책을 읽어도, 아무리 쉬운 내용을 들어도, 쉬운 내용을 쓸 때도, 쉬운 내용을 말하려고 할 때도, 쉬운 내용의 회화를 할 때도 「문법실력」없이 되는 것은 없다.
그러므로 문법설명이 초등학생에게도 통할 수 있도록 바뀌어져야 한다.
왜냐하면, 초등학교 과정에서 영문법을 거의 체득해 놓지 않으면, 중학교 · 고등학교 6년 동안 해야 할 읽기 · 듣기 · 쓰기 · 말하기의 그 많은 학습 양을 소화해내기가 어렵기 때문이다.

이 공부법의 특징들

① 영어공부의 초기단계에서, 단어 암기가 아닌 문장 만들기부터 연습하게 한다.
즉, 문장을 만들 때 필요한 단어는 이미 제시되거나 스스로 사전을 이용할 수 있다. 문제풀이에도 사전을 이용할 수 있다. 예를 들어
네 엄마(your mom), 사과들(apples), 좋아하다(like), 라는 단어를 주고 '네 엄마가 사과들을 좋아하시니?' 라는 문장을 영어로 만들어 보라고 하면 ▶Does your mom like apples? 와 같이 제대로 된 문장을 만들어 낼 수 있도록 연습시킨다.

② 단어와 단어 사이, 문장과 문장 사이에 숨어있는 '연결고리 = 묻는 말(?)/'을 적절하게 잘 끼워 넣는 연습을 하도록 하여 영어가 가지고 있는 「어순」을 터득하게 한다.

③ 「문법」의 이해를, 공식과 법칙의 암기를 통해 얻도록 하지 않고, 왜 그런 문법을 사용해야 하는지에 대해 근본적으로 생각토록 하였으며, 특히 초등학생들을 위하여 문법용어들은 가능한 쉬운 말들로 교체하였다.

예를 들어

1. 주어(명사 · 대명사) : 「은 · 는 · 이 · 가」로 끝나는 단어
2. 목적어(명사 · 대명사) : 「을 · 를」로 끝나는 단어
3. 술어(형용사) : 주로 「~상태」로 끝나는 단어
4. 술어(동사) : 「~다」로 끝나는 단어 (즉, 동작)
   Be 동사 – 「이다 · 있다」
   일반 동사 – 「이다 · 있다」 가 아닌 「~다」로 끝나는 단어
5. 의문문 : 묻는 말
6. 부정문 : 반대말
7. 평서문 : 묻는 말도 아니고 반대말도 아닌 말
8. 의문대명사 · 의문부사 : 육하원칙
9. 단문 : 가장 작은 문장이 1개
   복문 : 가장 작은 문장이 여러 개
10. to부정사 · 현재분사 · 동명사 : 동작변신 (즉, 동작이 변신한 것)
11. 수동태 · 현재완료 · 대과거 · 과거분사 : 동작이 상태로 변한 것
12. 시제 : 상황에 맞는 시간
13. 5형식 : 두 개의 문장이 1개로 줄어든 경우
14. 관계사문장 : 설명할 때 문장을 사용하는 경우

이 책에서 사용되는 기호들

① / : 다음에 나올 단어가 무엇인지 물어 보라는 표시. 즉 / 표시의 왼쪽 ( ) 안의 질문을 의미한다.

예를 들어

난 (네가 뭐?) / 샀다 (뭘?) / 그 사과를 (왜?) / 먹으려고 (어디서?) / 에서 (어디에서?) / 저 의자.

② // : 다음에 나올 또 다른 문장의 내용이 무엇인지 물어 보라는 표시

예를 들어

(그래서 그가 어쨌는데?) // 그가 / 집어 들었다니까 / 그 연필을.

(누가 어쩐다고 생각하는데?) // 그가 / 이다 고 / 바쁜 상태.

③ _____ : 「은・는・이・가」로 끝나는 단어와 「~다」로 끝나는 단어를 합하여 다음에 나올 내용을 물어보라는 표시

예를 들어

…though he / wanted.의 경우

(질문 : 누가 어쨌음에도 불구하고?)

(답 : 그가 원했음에도 불구하고)

④ 〈 〉 : 생략된 단어를 필자가 추측해서 넣어본 것- 이라는 표시

예를 들어

나는 야생동물들을 두려워한다.

I / am / afraid (뭘?) / 〈모든 것을〉 / of / wild animals.

1

영어문장이란?

Unit 1 가장 작은 문장 발견

이 책에서 자주 나오는 「문장」이란 「은 · 는 · 이 · 가」로 끝나는 단어와 「~다」로 끝나는 단어가 각각 1개씩 갖춰져 있는 경우, 즉 가장 작은 단위의 문장을 의미한다.

- 그녀**는** 지금 학교에 있**다**. −1개 문장
  ① ①

  나**는** 그녀**가** 지금 학교에 있**다**고 생각한**다**. −2개 문장
  ① ② ② ①

  나**는** 그녀**가** 그때 학교에 있었**다**고 생각했(**다**)는데, 사실 그녀**는** 거기에 있지 않았**다**. −3개 문장
  ① ② ② ① ③ ③

※ 문장(sentence)이란, 대문자로 된 단어로 시작해서 마침표, 느낌표 또는 물음표로 끝나는 것, 즉 표현하고자 하는 일정한 의미가 마무리 되는 단위를 말한다. 그리고 그 속에는 여기서 다루는 「가장 작은 문장」이 1개만 있을 수도 있고, 여러 개가 있을 수도 있다.

18가지 종류의 영어문장들 중 필요한 문장을 골라내고 싶을 때
이 보물지도를 사용하면 쉽게 찾아낼 수 있다.

문장 찾는 방법

1. (~다) 로 끝나는 단어를 꼭 찾아야 한다.
2. 찾아 놓은 단어가 (이다)① (있다)② 이면 **오른쪽**, (① ② 가 아니면) 모두 왼쪽
3. (묻는말) 이면 **중간방**, (반대말) 이면 **아랫방**, (이도저도 아니면) 윗방
4. (~은 · ~는 · ~이 · ~가로 끝나는 단어가) 나, 너 인지 이도저도 아닌 나머지 인지

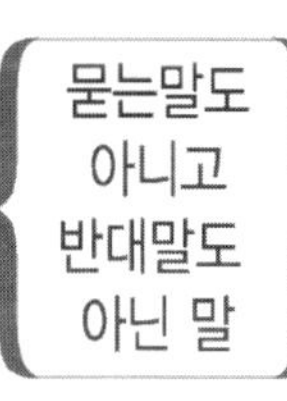

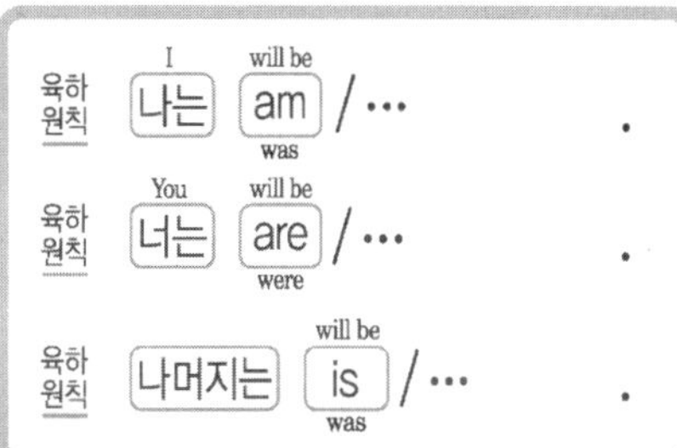

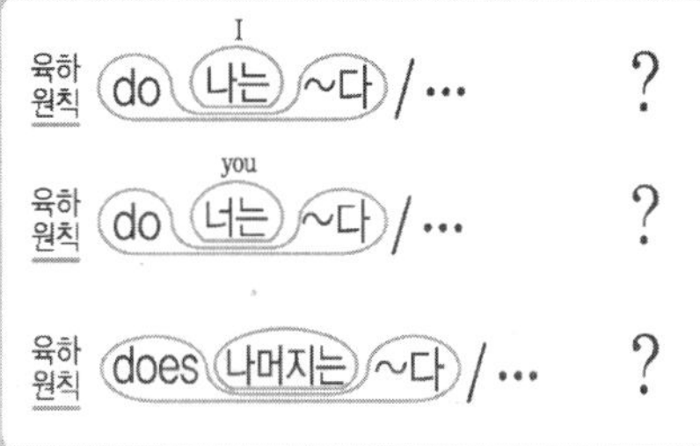

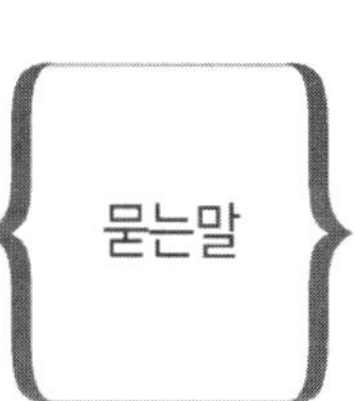

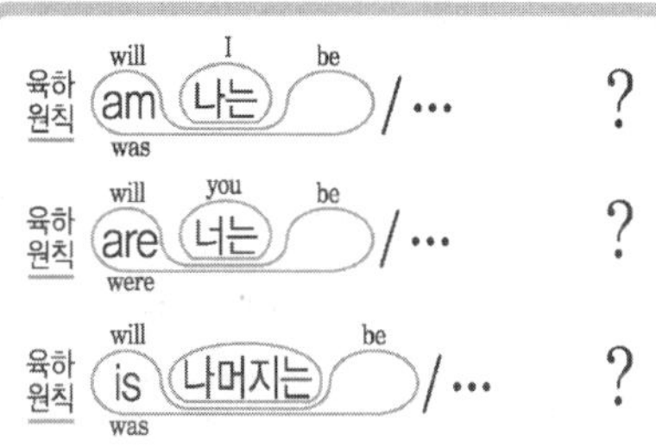

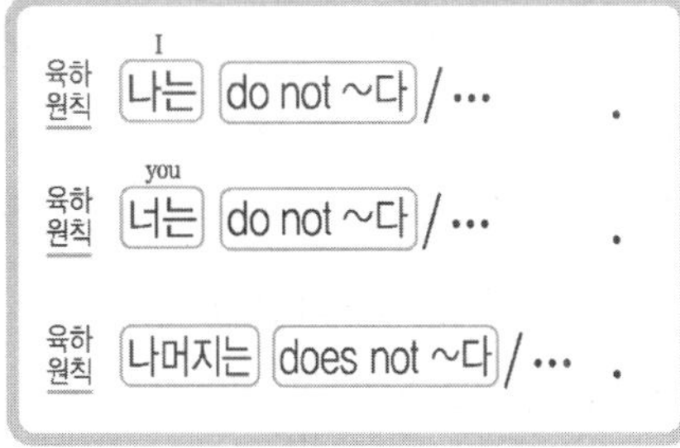

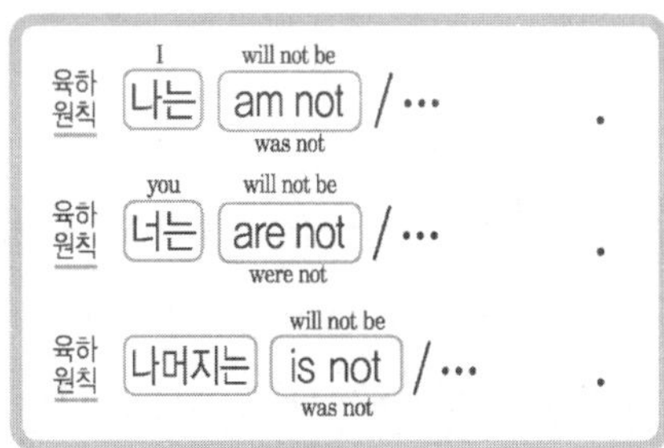

※육하원칙은 문장의 맨앞에 둔다.

who 누구 when 때, 언제 how 어떻게, 얼마나
what 무엇 where 어디 why 왜 등

※ do(does) → did
will → would
can → could
may → might

(~다) 로 끝나는 단어 앞에 둘 수 있는 것들

Unit 2 18가지 가장 작은 문장들

영어문장의 종류는 총 18가지인데, 아무리 어려운 영어 표현이라도 이 18가지 문장들 중 필요한 것들을 잘 조합해서 만든 것에 불과하다.

그리고 필자가 만들어 놓은 이 표(보물지도)를 이용하면, 영어문장을 처음 배우는 학생이라 하더라도 작문을 하거나 말하려 할 때 필요한 보물, 즉 필요한 문장을 스스로 찾아내는 데에 별 어려움이 없을 것이다. 즉, 어떤 문장을 영어로 만들고자 할 때는 '보물찾기 = 필요한 문장 골라내기'를 하면 되는데, 반복해서 연습하다 보면 쉽게 익힐 수 있다. 예를 들어,

● 「**그녀가** 이 학교 에 **다니니**」? 라는 문장을 만들고 싶으면,
she this school to go

먼저 **「~다」로 끝나는 단어 「다니다」를 찾는다.**

① **「다니다」**는 「이다 · 있다」가 아니므로 보물지도의 **「왼쪽」**에 있다.

② **「다니니?」**는 「다니다」의 묻는 말이므로 왼쪽 **「중간방」**에 있다.

③ **「그녀가」**는 「내가」도 아니고 「네가」도 아니므로 중간방 중에서도 **「나머지」가 있는 문장을 사용하게 된다. (왼쪽 → 중간방 → 나머지)**

즉, Does she go to this school? 이 된다.

이것이 18가지의 문장들 중에서 필요한 문장 1개만을 찾아내는 방법이다.

다시 말해서, 만들고자 하는 문장의

① 「~다」로 끝나는 단어를 찾아서, 그것이 「이다 · 있다」이면 보물지도의 「오른쪽」, 「이다 · 있다」가 아니면 보물지도의 「왼쪽」을 본다.

② 그 단어가 묻는 말이면 「중간방」, 반대말이면 「아랫방」, 어느 것도 아니면 「윗방」을 선택해서 그 방에 들어간 후

③ 그 문장의 「은 · 는 · 이 · 가」로 끝나는 단어를 보고, 그것이 I(나는)인지 you(너는)인지 아니면 I도 아니고 you도 아닌 he, she 같은 (나머지)인지를 판단해서 선택하면 된다.

즉 '~쪽 → ~방 → ~나는, 너는, 나머지는'으로 빠르게 결정하면 된다.

다만, 독특한 것이 있는데 「은 · 는 · 이 · 가」로 끝나는 단어가 「나머지」에 속하더라도, 그것이 1개, 1명, 1가지 이상이면 「나머지」를 선택하지 말고 「너」가 있는 문장을 선택해야 한다.

예를 들어,

- 그들이 이 학교에 다니니?
  they go

이 문장을 만들기 위해 보물지도에서 필요한 문장을 고를 때에 일반적으로 '왼쪽 → 중간방 → 나머지'를 찾아가게 되지만, 「그들이」는 **1명 이상**이므로, 예외적으로 '왼쪽 → 중간방 → 너'를 찾아가서 그 문장을 사용한다.

① 그녀가 이 학교에 다니니? **'왼쪽 → 중간방 → 나머지'**

→ Does she go to this school?

② 그들이 이 학교에 다니니? **'왼쪽 → 중간방 → 너'**

→ Do they go to this school?

연습하기

1. **그 선생님**이 이 교실 에 지금 **계시나요**? 보물지도 오른쪽 → 중간방 → 나머지
   the teacher this classroom in now =있니?

→ Is the teacher in this classroom now?

2. **너는** 지금 학교 에 **있니**? 보물지도 오른쪽 → 중간방 → 너
   you school in

→ Are you in school now?

3. **나는** 지금 학교에 **있지 않다**. 보물지도 오른쪽 → 아랫방 → 나
   있다 의 반대말

→ I am not in school now.

4. **그녀는** 이것을 **좋아하지 않는다**. 보물지도 왼쪽 → 아랫방 → 나머지
   She this 좋아하다 like의 반대말

→ She does not like this.

5. **그녀는** 이것을 매우 **좋아한다**. 보물지도 왼쪽 → 윗방 → 나머지
   very much

→ She likes this very much.

18가지 종류의 영어문장들 중 필요한 문장을 골라내고 싶을 때
이 보물지도를 사용하면 쉽게 찾아낼 수 있다.

문장 찾는 방법

1. (~다) 로 끝나는 단어를 꼭 찾아야 한다.
2. 찾아 놓은 단어가 (이다)① (있다)② 이면 **오른쪽**, (① ② 가 아니면) 모두 왼쪽
3. (묻는말) 이면 **중간방**, (반대말) 이면 **아랫방**, (이도저도 아니면) 윗방
4. (~은 · ~는 · ~이 · ~가로 끝나는 단어가) 나, 너 인지 이도저도 아닌 나머지 인지

묻는말도 아니고 반대말도 아닌 말

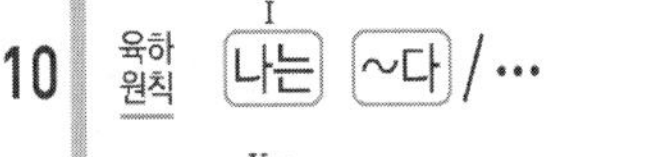

번호		문장		번호		문장	
10	육하원칙	나는(I) ~다 / …	.	1	육하원칙	나는(I) am (will be / was) / …	.
11	육하원칙	너는(You) ~다 / …	.	2	육하원칙	너는(You) are (will be / were) / …	.
12	육하원칙	나머지는 ~다(s) / …	.	3	육하원칙	나머지는 is (will be / was) / …	.

묻는말

번호		문장		번호		문장	
13	육하원칙	do 나는(I) ~다 / …	?	4	육하원칙	am (will / was) 나는(I) (be) / …	?
14	육하원칙	do 너는(you) ~다 / …	?	5	육하원칙	are (will / were) 너는(you) (be) / …	?
15	육하원칙	does 나머지는 ~다 / …	?	6	육하원칙	is (will / was) 나머지는 (be) / …	?

반대말

번호		문장		번호		문장	
16	육하원칙	나는(I) do not ~다 / …	.	7	육하원칙	나는(I) am not (will not be / was not) / …	.
17	육하원칙	너는(you) do not ~다 / …	.	8	육하원칙	너는(you) are not (will not be / were not) / …	.
18	육하원칙	나머지는 does not ~다 / …	.	9	육하원칙	나머지는 is not (will not be / was not) / …	.

※육하원칙은 문장의 맨앞에 둔다.

who 누구 when 때, 언제 how 어떻게, 얼마나
what 무엇 where 어디 why 왜 등

※ do(does) → did
will → would
can → could
may → might
} (~다) 로 끝나는 단어 앞에 둘 수 있는 것들

그리고 「보물지도」의 오른쪽 맨 위 문장으로부터 쭉 아래로 내려가고 다시 왼쪽 맨 위 문장으로부터 아래로 쭉 내려가며 18가지 문장들을 차근차근 만들어 가며 한 바퀴를 돌아보는 것도 재미있다.

보물지도 1문장 : 나는 학교에 있다.
보물지도 2문장 : 너는 학교에 있구나.
보물지도 3문장 : 그녀가 학교에 있단다.
보물지도 3 → 2문장 : 그들은 학교에 있단다.

보물지도 4문장 : 내가 지금 그 병원에 있니?
보물지도 5문장 : 너는 지금 학교에 있니?
보물지도 6문장 : 그가 지금 학교에 있나요?
보물지도 6 → 5문장 : 그들이 지금 학교에 있나요?

보물지도 7문장 : 난 지금 학교에 있지 않단다.
보물지도 8문장 : 너 지금 거기에 있지 않구나.
보물지도 9문장 : 그녀는 지금 거기에 있지 않아요.
보물지도 9 → 8문장 : 그들은 거기에 있지 않아요.

보물지도 10문장 : 난 사과들을 좋아한다.
보물지도 11문장 : 넌 그것들을 좋아하는구나.
보물지도 12문장 : 그는 사과들을 좋아해.
보물지도 12 → 11문장 : 그들은 사과들을 좋아해.

보물지도 13문장 : 내가 사과들을 좋아하냐고?
보물지도 14문장 : 너는 사과들을 좋아하니?
보물지도 15문장 : 네 엄마가 사과들을 좋아하시니?
보물지도 15 → 14문장 : 그분들이 사과들을 좋아하시니?

보물지도 16문장 : 난 사과들을 좋아하지 않아.
보물지도 17문장 : 넌 그것들을 좋아하지 않는구나.
보물지도 18문장 : 그녀는 사과들을 좋아하지 않아.
보물지도 18 → 17문장 : 그분들은 사과들을 좋아하지 않아.

1. I am in school.

2. You are in school.

3. She is in school.

3 → 2. They are in school.

---

4. Am I in the hospital now?

5. Are you in school now?

6. Is he in school now?

6 → 5. Are they in school now?

---

7. I am not in school now.

8. You are not there now.

9. She is not there now.

9 → 8. They are not there.

---

10. I like apples.

11. You like them.

12. He likes apples.

12 → 11. They like apples.

---

13. Do I like apples?

14. Do you like apples?

15. Does Your mom like apples?

15 → 14. Do they like apples?

---

16. I do not like apples.

17. You do not like them.

18. She does not like apples.

18 → 17. They don't like apples.

Unit 3 육하원칙이 하는 일

1 누가(who), 누구를(whom), 언제 · 때(when), 어디 · 어디서 · 어디에(where), 무엇이 · 무엇을(what), 어떻게 · 얼마나(how), 왜(why)를 「육하원칙」이라 하는데 이런 단어들은 「문장」의 맨 앞에 위치하며 「은 · 는 · 이 · 가」로 끝나는 단어와 「~다」로 끝나는 단어의 의미를 묶어주는 역할을 주로 한다. 이 책에서는 「육하원칙」에 항상 밑줄을 그어 구별하기 쉽게 하였다. 예를 들어,

- When I / am / in / school. 의 경우

→ 「때 내가 / 있다」가 아니고 「내가 있을 때」처럼 한 묶음의 뜻이 되게 하는 것이다.

연습하기

1. 넌 무엇을 좋아하니? 보물지도 왼쪽 → 중간방 → 너

you what like

→ What do you like?

2. 그녀는 무엇을 원하니? 보물지도 왼쪽 → 중간방 → 나머지

she want

→ What does she want?

3. 내가 어디 사냐고? 보물지도 왼쪽 → 중간방 → 나

where live

→ Where do I live?

4. 넌 왜 이 상자 안에 있니? 보물지도 오른쪽 → 중간방 → 너

why this box in

→ Why are you in this box?

5. 무엇을 그녀가 원하는지…. 보물지도 왼쪽 → 윗방 → 나머지

→ What she wants.

2 이 육하원칙 6개 중 whom, what은 자존심이 센 녀석들이기 때문에 자기들 앞에 놔야 하는 단어들(for, with, by, in, on …)을 문장의 맨 뒤로 보내버리기도 한다.

- 너는 지금 누구 와 같이 있니? 보물지도 오른쪽 → 중간방 → 너 의 경우

  you now whom with 있다

With whom are you now? 가 되는 게 어순으로 볼 때 원칙이지만, with가 whom에 의해 쫓겨나 그 문장의 맨 뒤로 가게 된다.

그래서 Who(m) are you with now? 가 된다.

이때 whom은 m을 떼고 who라고 쓰이는 경우가 많은데, 그렇다고 해서 보이는 대로 「누가」로 뜻을 생각하면 안 된다. 「누구를」로 생각해야 한다. 왜냐하면 for, with, by, in, on … 등의 단어들 뒤에는 항상 「을, 를」로 끝나는 단어가 오기 때문이다.

연습하기

1. 너는 누구 랑 같이 학교 에 매일 가니? 보물지도 왼쪽 → 중간방 → 너

   you whom with school to everyday go

→ Who(m) do you go to school with everyday?

2. 누구 에 의해 이것이 만들어진 상태 인지…. 보물지도 오른쪽 → 윗방 → 나머지

   whom by made *이다

→ …who(m) this is made by.

3. 무엇을 위해 그가 영어를 공부하나요? 보물지도 왼쪽 → 중간방 → 나머지

   English study

→ What does he study English for?

3 그러나 이 육하원칙 중 how와 what은 다정한 마음을 갖고 있으므로, 자기 친구를 살짝 자신 뒤에 두기도 한다. 예를 들어

- 이것은 얼마나 많은 〈금액〉 입니까? 보물지도 오른쪽 → 중간방 → 나머지 의 경우

  this how much 〈money〉

육하원칙인 how가 친구들인 much 〈money〉를 자기 뒤에 둔다는 것이다.

How is this much 〈money〉? (×)
얼마나 되니 이것이 많은 〈금액〉

How much 〈money〉 is this? (◯)
얼마나 많은 〈금액〉 이니 이것은?

*어순으로 볼 때 더 자연스럽다.

연습하기

1. 너는 얼마나 나이든 상태이니? 보물지도 오른쪽 → 중간방 → 너
how old

→ How old are you? *「How are you old.」가 아님.

2. 이 나무가 얼마나 오래된 상태인지…. 보물지도 오른쪽 → 윗방 → 나머지

→ …how old this tree is. *「How this tree is old.」가 아님.

3. 무슨 한 멋진 차를 그가 갖고 있는가! 보물지도 왼쪽 → 윗방 → 나머지
what a beautiful car have

→ What a beautiful car he has! *「What he has a beautiful car.」가 아님.

여기서 잠깐!

- How pretty you are!
얼마나 예쁜 상태 너는 인가!

이런 표현을 사용할 경우에는 주의해야 한다. 생색을 내는 듯한(condescending) 의미가 있으므로 듣는 사람의 입장에서는 불쾌하게 받아들일 수도 있기 때문이다.

그러므로 You are very pretty. 라고 표현하는 것이 무난하다.

얼마나 예쁜 상태 너는 / 인가! 라고 하는 것보다는

너는 / 이구나 / 참 예쁜 상태. 하는 표현이 듣기에 더 좋지 않나?

마찬가지로 What a handsome boy you are! 보다는
무슨 한 잘생긴 아이 너는 인가!

You are a very handsome boy. 가 무난하다.
너는 이구나 한 매우 잘생긴 아이

4 「은 · 는 · 이 · 가」로 끝나는 단어 = who(누가), what(무엇이)인 경우가 있다. 다시 말하면 who 또는 what이 「은 · 는 · 이 · 가」로 끝나는 단어 그 자체인 경우이다.

보물지도에서 ⑥번 문장과 ⑮번 문장에서만 이런 경우가 생긴다. 예를 들어

- 무엇이 세상을 놀라운 상태로 만드나요? 보물지도 왼쪽 → 중간방 → 나머지 의 경우
  what the world wonderful make

Does what make the world wonderful? (×) 이 될 것이라고 생각하겠지만,

① what이 말하기를 "난 육하원칙이야" 하면서 문장 맨 앞으로 나가버린다.

② 이 때 does도 없어져 버린다.

③ 그러면 「나머지」임을 보여주는 「s」가 「~다」로 끝나는 말인 「만든다」에 붙게 된다.

→ What × × makes the world wonderful? (○) 이 되는 것이다.

즉, 보물지도의 ⑫번 문장과 똑같이 되어 버렸다(= 묻지 않는 말). 그러나 원래는 「묻는 말」임을 잘 기억해야 한다.

연습하기

1. 누가 이 집 에 사나요? 보물지도 왼쪽 → 중간방 → 나머지(who)
   this house in live

→ Who lives in this house?

*「Does who live in this house?」가 아님.

2. 그 사람 뒤에 누가 있나요? 보물지도 오른쪽 → 중간방 → 나머지(who)
   the man behind who

→ Who is behind the man?

*「Is who behind the man?」이 아님.

3. 누가 거기 갔나요? 보물지도 왼쪽 → 중간방 → 나머지(who)
   who there

→ Who went there?

*did가 없어지는 대신 「~다」로 끝나는 단어가 과거로 됨. 즉, 「Did who go there?」가 아님.

4. 누가 나 의 대신 에 거기 가나요? **보물지도** 왼쪽 → 중간방 → 나머지(who)
who me of stead in there

→ Who goes there instead of me?

*「Does who go there instead of me?」가 아님.

5. 무슨 일이 내일 일어날까요? **보물지도** 왼쪽 → 중간방 → 나머지(what)
what tomorrow will happen

→ What will happen tomorrow?

*「Will what happen tomorrow?」가 아님.

5 그리고 육하원칙과 똑같은 자격으로 「문장」의 맨 앞에 나올 수 있는 단어들이 그 외에도 많다.

「if, though, because…」

연습하기

1. 만약 네가 거기 간다면…. **보물지도** 왼쪽 → 윗방 → 너
If you there

→ … if you go there.

2. 만약 네가 거기 안 간다면…. **보물지도** 왼쪽 → 아랫방 → 너

→ … if you do not go there.

3. 만약 그녀가 거기 안 간다면…. **보물지도** 왼쪽 → 아랫방 → 나머지
she

→ … if she does not go there.

4. 만약 그가 거기 있다면…. **보물지도** 오른쪽 → 윗방 → 나머지

→ … if he is there.

5. 만약 그가 거기 없다면…. **보물지도** 오른쪽 → 아랫방 → 나머지

→ … if he is not there.

Unit 4 「그렇다」라는 표현

우리말에서는 그 표현법이 단순하지만, 「영어에는 18가지 문장이 있다」는 이유 때문에 그에 따라 18가지로 달라지는 경우가 있는데 「그렇다, 그렇지 않다, 그러니?」 등의 영어식 표현법이 그것이다. 예를 들면

● 「Do you like apples?」라고 묻기에 「응, 나는 그렇다.」라고 대답하는 경우라면,
'그렇다 = 좋아한다' 이므로, '왼쪽 → 윗방 → 나'의 문장을 써서 「Yes, I do.」가 된다.
「아니, 나는 그렇지 않다.」라고 대답하는 경우라면,
'그렇지 않다 = 안 좋아한다' 이므로 '왼쪽 → 아랫방 → 나'를 써서 「No, I do not.」이라고 한다.
또 「그녀가 기뻐하는 상태 이니?」라고 묻기에 「응, 그녀는 그렇다.」라고 대답하는 경우라면
she happy
'그렇다 = 이다' 이므로 '오른쪽 → 윗방 → 나머지' 문장을 써서 「Yes, she is.」가 된다.
「아니, 그녀는 그렇지 않다.」라고 대답하는 경우라면 '그렇지 않다 = 아니다' 이므로 '오른쪽 → 아랫방 → 나머지'를 써서 「No, she is not.」이라고 한다.

연습하기

1. 그가 사과들을 좋아하니? 보물지도 왼쪽 → 중간방 → 나머지
he apples like
→ Does he like apples?
응, 그는 **그래.** 보물지도 왼쪽 → 윗방 → 나머지
→ Yes, he does.
아니, 그는 **안 그래.** 보물지도 왼쪽 → 아랫방 → 나머지
→ No, he doesn't.

2. 너는 이것 에 만족한 상태 이니? 보물지도 오른쪽 → 중간방 → 너
you this with happy
→ Are you happy with this?
응, 난 **그래.** 보물지도 오른쪽 → 윗방 → 나
→ Yes, I am.

아니, 난 **안 그래.** 보물지도 오른쪽 → 아랫방 → 나

→ No, I am not.

3. 그가 사과를 좋아하지, 보물지도 왼쪽 → 윗방 → 나머지

→ He likes apples,

안 그래? = 그가 좋아하지 않니? 보물지도 왼쪽 → 중간방 → 나머지

→ doesn't he? *not을 붙인다.

4. 너 지금 학교에 있지, 보물지도 오른쪽 → 윗방 → 너

→ You are in school now,

안 그래? = 너 있지 않니? 보물지도 오른쪽 → 중간방 → 너

→ aren't you? *not을 붙인다.

5. 넌 그것을 맘에 들어 하지 않는구나, 보물지도 왼쪽 → 아랫방 → 너
it like

→ You don't like it,

그런가? = 너가 좋아하나? 보물지도 왼쪽 → 중간방 → 너

→ do you?

Unit 5 「~라, ~세요, ~십시오」의 표현

「~다」가 아니고 「…라, …세요, …십시오」로 표현하는 문장들이 있다.

● 「학교에 가라」라는 문장을 「보물지도」에서 찾아보자. 왼쪽 → 윗방중 → 「나는」일까, 「너는」일까, 「나머지는」일까?

누가 가는 것일까? 물론 「너」가 가는 것이다.(11번 문장) 그렇다고 해서 「You go to school.」이 되면 「너는 학교에 간다.」가 되므로 전혀 다른 뜻이다. 그러므로 ⑪번 문장이긴 해도 You를 빼버리는 것이다. 즉, 「Go to school.」로 사용한다.

이런 경우는 보물지도의 문장 ②번 · ⑧번 · ⑪번 · ⑰번에서만 발생하게 되는데 ②번과 ⑧번의 경우에는 더 알아두어야 할 것이 있다. 즉, ②번의 경우 you가 사라지면서 are는 본래 모습인 be로 돌아가게 되고, ⑧번의 경우에는 are not도 아니고 그렇다고 해서 본래 모습인 be로 돌아와서 be not이 되는 것도 아닌, 이상하게도 보물지도 왼쪽에 있는 ⑰번 문장의 do not을 빌려와서 do not be가 된다.

연습하기

1. 더 열심히 공부해라. 보물지도 왼쪽 → 윗방 → 너
 harder

→ (⑪번 문장) Study harder.

2. 주의 깊은 상태 이어라. (조심하라) 보물지도 오른쪽 → 윗방 → 너
 careful

→ (②번 문장) Be careful. *Are careful.이 아님.

3. 유리창 밖을 내다보지 마라. 보물지도 왼쪽 → 아랫방 → 너
 the window look out

→ (⑰번 문장) Don't look out the window.

4. 바보 같은 상태 이지 마라. (바보 같은 짓 하지 마라.) 보물지도 오른쪽 → 아랫방 → 너
 silly

→ (⑧번 문장) Don't be silly. *Are not silly.도 아니고 *Be not silly.도 요즘 안 씀.

Unit 6 「O · X」의 의미, 「과거」 표현법, 그리고 「미래」 등을 표현하는 단어들

1 「O · X」의 의미

예를 들어 「간다(go)」의 경우 마치 「지금 가고 있다」의 의미로 생각할 수 있으나 사실은 그렇지 않다.

「간다」의 의미는 「가는 동작을 한다」는 의미 즉 긍정(O)을 표현하고

「안간다」의 의미는 「가는 동작을 안 한다」는 의미 즉 부정(X)을 표현하다.

2 「과거」 표현법

우리말에서의 과거 표현은 '사랑하다 → 사랑했다, 만지다 → 만졌다, 공부하다 → 공부했다' 등처럼 되지만, 영어에서는 「과거」가 될 때 [···d]나 [···ed], [···ied]와 같은 「소리」를 더 내게 된다.

즉 love → loved, touch → touched, study → studied 처럼 소리가 나는데, 그 소리가 무척 비슷하다. 그래서 어떤 경우에는 그 「소리」가 확실히 구별되는 전혀 다른 단어를 사용하는 경우도 있다.

go → went, see → saw, give → gave 등이 그것이다.
가다 갔다 보다 보았다 주다 주었다

특히 「이다 · 있다」의 뜻을 가진 be는 더욱 변화가 심하다. 즉, 「보물지도」에서 보는 것처럼

be가 「나는」을 만나면 am(이다 · 있다)으로 변하고,

be가 「너는」을 만나면 are(이다 · 있다)로 변하고,

be가 「나머지는」을 만나면 is(이다 · 있다)로 변한다.

그리고 과거(이었다 · 있었다)가 되려면

「나는」 이었다(있었다)의 경우 am이 was로 변하고,

「너는」 이었다(있었다)의 경우 are가 were로 변하고,

「나머지는」 이었다(있었다)의 경우 is가 was로 변한다.

또 「보물지도」 ⑫번의 경우 「과거」이면 「s」를 붙이지 않는다.

또 「보물지도」 ⑬ · ⑭ · ⑮번의 경우, 「과거」로 문장을 만들 때 「do나 does」의 과거인 「did」를 사용하게 되므로, 「~다」로 끝나는 단어는 과거로 바뀌지 않아도 된다. 「보물지도」 ⑯ · ⑰ · ⑱번의 경우에도 「do not이나 does not」의 과거인 「did not」을 쓰므로 「~다」로 끝나는 단어 자체는 과거로 바뀌지 않는다.

연습하기

1. 그는 여름 휴가 마다 어딜 가나요? 보물지도 왼쪽 → 중간방 → 나머지
he summer vacation every where go-went

→ Where does he go every summer vacation?

2. 넌 지난 여름 휴가를 〈위해〉 어디로 갔니? 보물지도 왼쪽 → 중간방 → 너〈과거〉
last where

→ Where did you go last summer vacation?

3. 그는 집에 갔어요 3시간 전에. 보물지도 왼쪽 → 윗방 → 나머지〈과거〉
home

→ He went home three hours ago.

4. 그는 매주 1번씩 거기에 간답니다. 보물지도 왼쪽 → 윗방 → 나머지
a week once

→ He goes there once a week.

5. 난 학교 에 있다. 보물지도 오른쪽 → 윗방 → 나
school in

→ I am in school.

6. 그녀는 학교 에 있었다. 보물지도 오른쪽 → 윗방 → 나머지〈과거〉

→ She was in school.

7. 그는 그녀 와 있지 않았다. 보물지도 오른쪽 → 아랫방 → 나머지〈과거〉
her with

→ He was not with her.

3 「미래」 등을 표현하는 단어들

- go의 경우를 예로 들어보자.

① will go : 갈 것이다. 「미래」를 나타내는데 주로 쓰인다.

② can go : 갈 수 있다. 「능력」을 나타내는데 주로 쓰인다.

③ may go : 가도 된다. 「허락」을 나타내는데 주로 쓰인다.

④ must go : 가야 한다. 「의무」를 나타내는데 주로 쓰인다.

⑤ do(does) go : 「강조 · 묻는 말 · 반대말」을 만드는 데 쓰인다.

※보물지도 ⑫번 문장에서 이 경우 「~다」로 끝나는 단어 뒤에 「s」를 쓰지 않는다.
특히 am, are, is(이다 · 있다) 앞에 「will, can, may, must 등」이 붙으면, 그들의 원래 모습인 「be」로 다시 돌아가서 「will be, can be, may be, must be」 등이 된다.

연습하기

1. 너는 여기에 잠시 동안 **머물 수 있다.** 보물지도 왼쪽 → 윗방 → 너
a while for stay
→ You can stay here for a while.

2. 그는 여기 **있어야 한단다.** 보물지도 오른쪽 → 윗방 → 나머지
→ He must be here.

3. 내가 여기 잠시 **있을 수 있나요?** 보물지도 오른쪽 → 중간방 → 나
→ Can I be here for a while?

4. 제가 당신을 **도와드려도 될까요?** 보물지도 왼쪽 → 중간방 → 나
→ May I help you?

5. 난 여기 **있어서는 안 돼.** 보물지도 오른쪽 → 아랫방 → 나
→ I must not be here.

6. 그는 거기 **갈 수 없단다.** 보물지도 왼쪽 → 아랫방 → 나머지
there
→ He can not go there.

7. 난 여기에 **있을 거야.** 보물지도 오른쪽 → 윗방 → 나
here
→ I will be here.

8. 그는 더 이상 거기에 **있지 않을 거야.** 보물지도 오른쪽 → 아랫방 → 나머지
anymore there

→ He will not be there anymore.

9. 제가 거기 **가야 하나요?** 보물지도 왼쪽 → 중간방 → 나

→ Must I go there?

10. 내가 오늘 학교에 가야 하나요? (= Must I go to school today?)
「응, 그래야 해.」 보물지도 왼쪽 → 윗방 → 너

→ Yes, you must. *Yes, you do.(×)

11. 내가 거기에 갈 수 있나요? (= Can I go there?)
응, 그럴 수 있지. 보물지도 왼쪽 → 윗방 → 너

→ Yes, you can. *Yes, you do.(×)

2

A BASIC WAY TO CREATIVE ENGLISH

어순

지금까지 필자가 학생들을 가르칠 때, 이 「어순」에 남보다 먼저

① 관심을 갖고
② 항상 잊지 않으며 영어공부를 하고
③ 어떤 문장이든 각각의 단어 사이에 숨어있는 묻는 말들을 찾아내기 위해 노력하는 학생을 보면 너무 너무 자랑스럽고 대견하다.

그리고 그런 학생일수록 먼저 영어공부에 성공했다.

Unit 1 「가장 작은 문장」 속의 단어들 사이에 물이 흘러가는 것 같은, 자연스런 어떤 흐름이 있다.

작은 문장 속의 단어들 사이사이에 눈에 보이지 않는 「묻는 단어」가 분명히 있다(바로 이것이 그 흐름을 자연스럽게 만들어 준다). 우리말에는 없는 것이므로 학생들은 이상하게 생각할 것이다.

- 특징

① 그 묻는 단어는 문장 속의 단어와 단어 사이에 숨어 있기 때문에 글자화되어 있지 않다.

② 그 단어 때문에 그 다음에 오는 단어의 뜻이 더욱 이해하기 쉽게 된다.

③ 그 단어를 잘 넣을 수 있게 되면 의미(뜻)의 흐름을 느낄 수가 있어 쉽게 영어 공부의 실력자가 된다.

④ 그 실력은 외워서 얻지 못한다. 연습을 통해서 깨달아야 한다.

- 「묻는 단어」를 잘 끼워 넣으면

① 문장 속 의미의 흐름이 매우 자연스럽게 된다.

② 마치 두 사람이 묻고 대답하는 것처럼 보인다.

어순에 대한 기초적인 예를 한번 만들어 보겠다.

「나는 / 이 강 / 건너의 / 저 나무 / 에 있는 / 새 한 마리를 / 보았다.」라는 우리말 순서의 문장을 영어순서의 문장으로 바꾸고 싶을 때, 네 살 된 아이가 대답하고 아빠가 물어보는 식의, 묻고 대답하는 대화형태로 차근차근 단어와 단어를 연결시켜 보면 영어의 어순이 느껴지게 된다.

아이 : 아빠, **내가** 말이야

아빠 : (네가 뭐?)/ 아이 : **봤다**

아빠 : (뭘 봤는데?)/ 아이 : **새 한 마리를**

아빠 : (어디에 있는데?)/ 아이 : 저~ **속에**

아빠 : (어디 속?)/ 아이 : **저 나무** 속~

아빠 : (어디 있는 나무?)/ 아이 : **저 건너편**

아빠 : (어디건너?)/ 아이 : **이 강**

아이의 대답을 순서대로 나열하면 「내가 / 보았다 / 한 마리 새를 / 속에 / 저 나무 / 저 건너편 / 이 강.」처럼 영어의 어순에 맞는 문장이 만들어지게 된다.

즉, I / saw / a bird / in / that tree / across / this river. 가 된다.

이 경우의 묻는 말, 즉 아빠역할은 「/」로 표시하고, 학생 여러분은 어떻게 하면 잘 물을 수 있는지를 스스로 연구하고 또 연습해야 한다. *이 책에서는 (　　?)/ 처럼 묻는 말을 표시한다.

연구하고 또 연습하기를 계속 하다보면 영어 표현법의 진짜 모습을 스스로 터득하게 되고, 단어와 숙어의 본래 의미를 알게 되는 것은 물론, 영어 문법의 본질도 쉽게 깨우치게 되며, 결국에는 스스로 창의적인 영어 표현을 만들게 되는 수준에까지 이르게 된다.

연습하기

1. 나는 사과들을 좋아한다. 보물지도 왼쪽 → 윗방 → 나

   나는 (네가 뭐?) / 좋아한다 (뭘?) / 사과들을.

→ I / like / apples.

2. 나는 학교에 가는 중이다. 보물지도 오른쪽 → 윗방 → 나

   나는 (네가 뭐?) / 이다 (뭔데?) / 가는 중 (어디?) / 에 (어디냐고?) / 학교.

→ I / am / going / to / school.

3. 우리 집의 지붕은 빨강색이다. 보물지도 오른쪽 → 윗방 → 나머지(우리 집의 지붕은)

   그 지붕은 (무슨 지붕?) / 의 (무엇의?) / 나의 집 (그게 뭐?) / 이다 (뭐인데?) / 빨간상태.

→ The roof / of / my house / is / red.

4. 나는 너와 가기를 원한다. 보물지도 왼쪽 → 윗방 → 나

   나는 (네가 뭐?) / 원한다 (뭘 원해?) / 갈 것을 (혼자?) / 함께 (누구와 함께?) / 너.
   (???)

→ I / want / to go / with / you.

※ 이 경우 (혼자?)라는 질문은 사실 그 다음 단어를 본 후 짐작한 것이다. 그러므로 그냥 상대방의 그 다음 반응을 기다린다는 표시 (???)로 하는 것이 더 자연스러울 것이다.

5. 그는 저 상자와 문 사이에 있다. 보물지도 오른쪽 → 윗방 → 나머지

   그는 (그가 뭐?) / 있다 (어디에?) / 사이에 (무엇 사이?) / 저 상자와 그 문.

→ He / is / between / that box and the door.

6. 그녀는 기분 좋은 상태 이다. 보물지도 오른쪽 → 윗방 → 나머지

그녀는 (그녀가 뭐?) / 이다 (뭔데?) / 기분 좋은 상태.

→ She / is / happy.

7. 그 강아지는 그 테이블 밑에서 잠자고 있는 중이다. 보물지도 오른쪽 → 윗방 → 나머지

그 강아지는 (강아지가 뭐?) / 이다 (뭔데?) / 잠자는 중 (어디서?) / 밑에서 (어디 밑?) / 그 테이블.

→ The dog / is / sleeping / under / the table.

8. 그녀가 학교에 있을 때…. 보물지도 오른쪽 → 윗방 → 나머지

…때 (누가 어쩔 때?) 그녀가 / 있을 때 (어디에?) / 속 에 (어디 속?) / 학교.

→ …when / she / is / in / school.

9. 너 어제 어디에 갔니? 보물지도 왼쪽 → 중간방 → 너

어디로 너는 갔니 (언제?) / 어제?

→ Where did you go / yesterday?

10. 너는 나랑 같이 산책을 위해 나가는 것에 대해서 무엇을(어떻게) 생각하니? 보물지도 왼쪽 → 중간방 → 너

무엇을 너는 생각하니 / 대해서 (뭐에 대해?) / 나가는 것 (왜?) / 위해 (뭘 위해?) / 산책 (혼자?) / 같이 (누구랑?) / 나?

→ What do you think / about / going out / for / a walk / with / me?

Unit 2 「가장 작은 문장」이 여러 개이면 그것들 사이에도 순서가 있다.

1 「~은・는・이・가」로 끝나는 단어와 「~다」로 끝나는 단어가 각각 1개씩 있으면 문장이 1개, 각각 2개씩 있으면 문장이 2개, 각각 3개씩 있으면 문장이 3개인데, 각각의 문장 간에도 묻고 대답하는 순서에 따라 어순이 결정된다. 여기서

/는 다음에 나올 단어를 물어보라는 표시이며, //는 다음에 나올 문장을 물어보라는 표시이다.

- 그녀는 네가 지금 학교에 있다고 생각하니?

  그녀는 생각하니 (누가 어쩐다고?) // 네가 / 있다고 (어디?) / 에 / 학교 / 지금?

  왼쪽 → 중간방 → 나머지　　　　오른쪽 → 윗방 → 너

→ Does she think // you are in school now?

- 나의 누나가 내가 그 PC방에 있는 것을 보고 엄마께 누나가 일렀다.

  나의 누나가 / 보았다 (누가 어쩌는 것을?) // 내가 / 있는 것을 / 에 (어디에?) / 그 PC방,

  왼쪽 → 윗방 → 나머지　　　　오른쪽 → 윗방 → 나

  (그래서 어쨌는데?) // 그래서 그녀는 / 일렀다 / 〈에게〉 / 나의 엄마.

  왼쪽 → 윗방 → 나머지

→ My sister saw // I was in the P.C. Room, // and she told my mom.

2 예외적으로 문장 1개가 다른 문장의 육하원칙 바로 다음으로 끼어 들어가는 경우가 있다.

- 「그가 누구이었다고 네가 말했지?」의 경우, 원래는 「**네가 말했니** // 누구 / 그가 / 이었다고?」

  ①　　　　②

  왼쪽 → 중간방 → 너　　　　오른쪽 → 윗방 → 나머지

→ Did you say//who he was? 이지만, 이때 ① 문장이 ② 문장의 육하원칙 바로 뒤에 끼어 들어 간다. 따라서 「누구 (**네가 말했지?**) 그가 이었다」고 → Who (did you say) he was? 가 된다.

①

이렇게 변칙을 사용해도 되는 이유는 그렇게 함으로 인해 「순서」가 더 자연스럽게 느껴지기 때문이다.

Unit 3 「어순」을 맞추기가 어려운 경우들

1 순서에 따라, 다음에 나올 단어가 너무나 당연히 예상되는 것이라면 그 단어를 빼버린다(그래서 책을 읽을 때 어떤 문장에서는 '그 흐름'이 막혀있는 듯한 느낌을 갖게 되는 것이다).

● 「나는 너와 결혼할 것이다.」의 경우 I / will marry / **with** / you. 로 되어야 하겠지만, 이 세

결혼할 것이다　　와

상에서 혼자 결혼하는 사람이 있겠는가? 누구든지 「~와」 결혼한다.

그래서 「~와」의 뜻인 「with」라는 단어가 너무나 당연히 예상되므로 영어에서는 빠지고 I / will marry / you. 가 된다. 아주 먼 옛날에는 marry가 '결혼하다'의 뜻이 아니고 '묶다'라는 뜻이었다.

※이런 식으로 빠져서 보이지 않는 단어들이 영어 문장에서 심심치 않게 등장한다. 필자가 이 책에서 〈 〉라고 표시한 부분이 그런 부분들인데, 여러분이 만약 그런 빠진 단어들을 넣어서 「어순」을 맞춰 보게 되면 아주 부드러운 의미의 흐름을 느낄 수 있을 것이다.

2 어순에 따라 단어의 뜻이 자연스럽게 바뀌는 경우가 있다. 예를 들어

● fly : 일반적으로 「날다」로 암기하고 있을 것이다. 그러나,

I / can fly / a kite → 나는 / 날 수 있다 / 연을 (×)

I / can fly / a kite → 나는 / 날릴 수 있다 / 연을 (○)

즉, 「fly」는 「날다」가 아닌 「날리다」라는 뜻으로 바뀌게 되는데, 그것은 어순에 따라 그렇게 바뀌는 것이 더욱 자연스럽기 때문이다. 또 예를 들어

● This stone / is (어떤 상태?) / very **hard**.

매우 단단한 상태

He / studies (어떻게?) / **hard**.

열심히

It / is (어떤 상태?) / **hard** / for / you / to walk / so far.

어려운 상태

재미 삼아!

hard라는 단어가 이상하지 않는가? 전혀 관계가 없을 것 같은 의미들이 단 한 개의 단어로 표현되고 있다. 그 이유가 무엇일까? 재미 삼아 이것으로 옛날 이야기 하나를 만들어 보았다.

> 옛날 한 원시인이 길을 가다가 땅위로 봉긋이 솟아있는 돌을 발견했다. 그것을 캐서 집으로 가져가고 싶은 생각에, 들고 있던 곡괭이로 그것을 쳤더니 '캉'하는 소리와 함께 곡괭이가 튕겨져 나오는 것이 아닌가! 그러자 그 원시인이 하는 말 '헐'(hard = 단단하네!).
> 그래도 그 돌을 가져갈 욕심에 열심히 노력하고 있는데 지나가던 다른 원시인이 이 모습을 보고하는 말. '헐' (hard = 열심이네!).
> 해가 질 때까지 그 돌을 캐려고 노력하던 그 처음 원시인이 결국 기진맥진하여 그 돌을 캐는 것을 포기하며 하는 말 '헐'(hard = 힘들군, 어렵군!) 했다는 얘기가 있다. 믿거나 말거나….

※ 즉 우리나라 원시인이었다면 이 경우 각각의 상황에 맞도록 각기 다른 단어를 만들어 냈겠지만, 영국의 원시인은 '헐' 이란 소리를 그대로 단어로 만들어 이 모든 경우에 썼다는 점에서 우리말과 전혀 다르다는 것을 알 수 있다.

3 순서가 바뀌는 경우도 있다. 그러나 거기에는 반드시 이유가 있다.

- 「엄마, 내 영어 노트가 어디 있죠?」(= Mom, where is my notebook?)라고 하면, 「그건 여기 있단다.(= It / is / here.)」 하고 어순을 제대로 세워주는 경우가 있는가 하면, 「자, 여기 있다.(= Here (여기 뭐?) / it / is.)」 하고 어순을 바꿔보기도 한다.

- 「그 연필은 그 책상 위에 있다.」는 「**The pencil / is** / on the desk.」가 되지만, 「가봐, 내 방의 책상에 가보면 거기에 연필 한 자루가 있단다.」라는 경우에는, 「There (거기에 뭐?) / is (뭐가?) / a pencil (어디에?) / on / the desk (어디에 있는 책상?) / in my room.」이 된다. 보물지도 오른쪽 → 윗방 → 나머지(a pencil)

4 「어순」에 이상한 점이 없어도 따라 읽어보면 그 의미가 통하지 않는 경우가 있다. 그럴 때는 그 상황을 상상하면서 어순을 맞추어야 한다.

- I / am (어디에?) / on (어디 위에?) / **a diet**. 의 경우, 무슨 뜻인지 알 수가 없다.
  일상의 음식물

일상 음식물 위에

잔치음식물 위에

이런 모습을 상상해 보면 「나는 **다이어트 하는 중**이다.」라는 뜻이 성립된다.

● We / went (어디로?) / on (어디 위로?) / a **picnic** (언제?) / last Sunday.
야외에서 먹는 음식물

무슨 뜻인지 알 수가 없다.

야외에서 먹는 음식물 위로

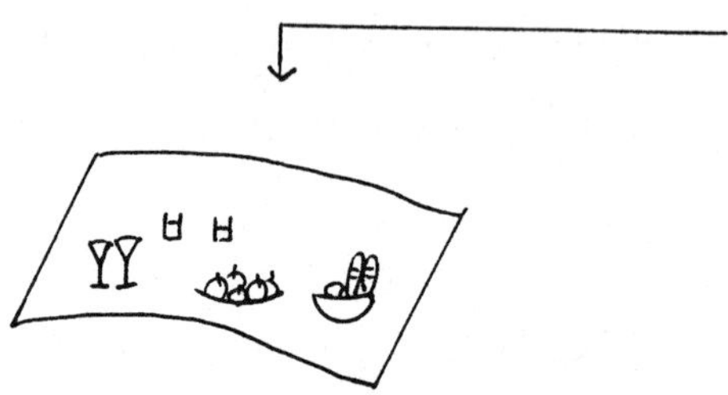

이런 모습을 상상해 보면 「우리는 지난 일요일에 **소풍**갔다.」라는 뜻이 성립된다.

3

A BASIC WAY TO CREATIVE ENGLISH

주요 영문법 5가지

혹시 영어를 처음 배우기 시작한 학생이라면 이 단원에 나오는 「주요 영문법 5가지」에 들어가기 전, 이 책의 뒷부분에 나와 있는 영어문장 만들기(1단계~5단계, 500개의 연습문제)를 통해 「18가지 영어 문장을 활용하는 방법」과 「영어의 어순」을 충분히 연습할 것을 권하고 싶다.

지금부터 설명할 다섯 가지 영어 문법들은 영어를 공부할 때 필요한 수많은 법칙 중에서 「문장」을 좀 더 깊게 알게 하는데 중요한 것들만 골라놓은 것이다.

먼저 이것을 능숙하게 익혀 놓으면,

① 아무리 어려운 영어책도 두려움 없이 읽어 내려 갈 수 있으며(직독직해)
② 「문장 18가지」와 「어순」을 이 다섯 가지 문법과 같이 활용해보면, 스스로 더 많은 문법의 규칙들을 터득하게 되는 수준에까지 이르게 되며, 결과적으로 각종 어려운 영어문법 서적을 이해하는 데 도움이 될 것이다.
③ 듣기연습에도 좀 더 분명한 논리를 세울 수 있고(직청직해)
④ 물론, 쓰기와 말하기를 하는 데도 역시 큰 도움이 된다.

참고적으로 이 책에서 설명하는 영어 문법들은 모두 18가지 「문장」과 「어순」을 이용해서 설명될 것이다.

자, 그러면 시작해보자.
쉽게 설명할 테니….

Unit 1 「동작변신」 즉, 「~다」로 끝나는 단어의 변신

1 동작 즉 「~다로 끝나는 단어」가 변하는 것을 「동작변신」이라고 하는데, 예를 들어, 간다(go)가 변한다면 어떻게 될까? 「가기 위해, 가려고, 가는 것, 가는 중, 가면서」 등으로 변신할 수 있지 않겠는가? 이 모든 단어들은 간다(go)와 관련이 있는 것. 즉, 간다(go)가 변한 것들이다.

- 나는 학교에 매일 간다. → 나는 / **간다** / 에 / 학교 / 매일.
  ※동작
  (= I / go / to / school / everyday.)
- 나는 거기에 매일 가고 싶다. → 나는 / 원한다 (뭘?) / **갈 것을** / 거기에 / 매일.
  ※간다가 변한 것임.
  (= I / want / to go / there / everyday.)
- 나는 영국에 가기 위해 영어를 공부한다. → 나는 / 공부한다 / 영어를 (왜?) / **가기 위해** / 에 / 영국.
  ※간다가 변한 것임.
  (= I / study / English / to go / to / England.)

※간다(go)가 갈 것이다(will go), 갔다(went) 등으로 되는 것은 「동작변신」이라고 하지 않는다. 이때는 미래・과거라고 한다.

영어에서 동작 즉 「~다로 끝나는 단어」가 변신할 때는 두 가지 방법을 사용한다.

① **「~다」로 끝나는 단어 앞에 to를 붙인다.**
ex) to go, to study, to swim, to be …

② **아니면 「~다」로 끝나는 단어 뒤에 ing을 붙인다.**
ex) going, studying, swimming, being …

그러나 어떤 경우에 to~를 사용하고 또 어떤 경우에 ~ing을 사용할 지 선택하는 것은 쉽지가 않다. 많이 실수해 보고, 터득할 수밖에 없다.
다만, 한 가지 중요한 구별법은 있다. 즉, 앞에 있는 어떤 단어와 비교를 해서 ①시간적으로 그 다음에 하게 될 동작인 경우에는 to~를 사용해서 변신하고(또는 공간적으로 그 앞에서 하게 되는 동작) ②그렇지 않을 때는 일반적으로 ~ing을 사용해서 변신한다.

연습하기

1. 나는 / 원한다 (뭘 원해?) / 〈**앞으로**〉 **갈 것을** / 에 / 에버랜드.

   I / want / **to** go / to / Everland.

2. 난 / 좋아한다 (뭘?) / **가는 것**을 / 에 / 에버랜드.

   ※ 앞으로 갈 것을 좋아한다...는 좀 이상하므로 to go는 맞지 않다.

   I / like / go**ing** / to Everland.

   ※ I / like / to go...처럼 되는 경우가 있는데 그때의 like는 「원한다」로 그 뜻을 바꿔주는 것이 좋다.

3. 난 / 싫어한다 (뭘 싫어해?) / **보는 것**을 / 너무 많은 TV.

   ※ 평소에 싫어하는 것이다. 앞으로 TV 보게 될 일을 싫어하는 것은 아니다.

   I / dislike / watch**ing** / too much TV.

4. 난 / 결심했다 (뭘 결심해?) / **올 것**을 / 에 / 한국.

   ※ 그 당시, 그 다음에 올 일을 결심한 것이다.

   I / decided / **to** come / to / Korea.

5. 난 / 〈…이 좋다고〉의견을 제시한다 (뭐가 좋다는 의견?) / **머무는 것** / 에 / 집.

   ※ 머무는 것이 좋다는 의견만 제시할 뿐 꼭 앞으로 머물 것을 충고하는 것이 아니다.

   I / advise / stay**ing** / at / home.

6. 난 / 충고한다 / 〈에게〉 / 너(가) / **머물 것**을 / 에 / 집.

   ※ 너가 앞으로 머물 것을 충고한다.

   I / advise / you / **to** stay / at / home.

7. 난 / 끝낼 것이다 (뭘 끝내?) / **보는 것**을 / 그 영화를 / 나중에.

   ※ 나머지 보는 것을 끝낸다는 뜻임. 앞으로 볼 것을 끝낼 수는 없다.

   I / will finish / watch**ing** / the movie / later.

8. 난 / 이다 (뭐인데?) / 마음이 아픈 상태 (왜?) / **듣게 되니** (뭘?) / 그 말을.

   ※ 공간적으로 바로 눈앞에서 듣게 되는 것.

   I / am / sorry / **to** hear / that.

이젠 「동작변신」이 있는 그런 문장들을 「보물지도」를 이용해서 만들어 보자.

● 그녀는 과학자가 되고 싶어한다. 를 영어순서로 바꾸게 되면,
she a scientist be want

그녀는 / 원한다 (뭘 원하는데?) / 될 것을 (무엇?) / 과학자. 로 된다.

보물지도 왼쪽 → 윗방 → 나머지

※ 이 문장에서 「~다」로 끝나는 말은 「원한다」이고 「될 것」은 「되다」가 동작변신한 것이다.

→ She / wants / to be / a scientist.

연습하기

1. 저는 사과들을 **먹기**를 원해요.
I apples eat want

= 저는 (너가 왜?) / 원해요 (뭘 원해?) / 〈앞으로〉**먹을 것**을 (무엇을?) / 사과들을.

보물지도 왼쪽 → 윗방 → 나

→ I / want / to eat / apples.

2. 그가 여기에 **오기**를 원하니? (=그가 여기에 오고 싶어하니?)
here come

= 그가 원하니 (뭘?) / 〈앞으로〉 **올 것**을 (어디에?) / 여기? 보물지도 왼쪽 → 중간방 → 나머지

→ Does he want / to come / here?

3. 그는 더 이상 여기에 **머물기**를 원하지 않는단다.
anymore stay

그는 (그가 뭐?) / 원하지 않는다 (뭘?) / 〈앞으로〉**머물 것**을 (어디에?) / 여기에 (얼마 만큼?) / 더 이상. 보물지도 왼쪽 → 아랫방 → 나머지

→ He / doesn't want / to stay / here / anymore.

4. 난 지금 학교에 **가는 중**이다.
now to go

나는 (너가 뭐?) / 이다 (뭔데?) / **가는 중** (어디?) / 에 / 학교 / 지금. 보물지도 오른쪽 → 윗방 → 나

→ I / am / going / to / school / now.

5. 무엇을 너는 여기서 **먹는 중** 이니?

eat

무엇을 이니 / 너는 / **먹는 중** (어디서?) / 여기서? 보물지도 오른쪽 → 중간방 → 너

→ What are / you / eating / here?

2 「동작변신」 중 「~ing」 형태가 단어의 한 부분으로 되는 것이 있다.

- well-wish → 복을 빌다.
  well-wish**ing** remarks → 복을 **비는** 말들, 즉 「축복」이라는 단어가 된다.
- bank → 은행 일을 하다.
  bank**ing** machines → 은행 일을 **하는** 기계들, 즉 「자동화된 현금 출납기들」
- relax → 긴장을 풀게 하다.
  relax**ing** music → 긴장을 풀**게 하는** 음악(편안한 음악)
- paint → 그리다
  his paint**ing** → 그의 **그림**
- feel → 느끼다
  feel**ing** → **느낌**

3 「육하원칙」은 항상 「문장」의 맨 앞에 나오는 줄로 알고 있지만 「동작변신 to~」 앞 즉, 문장 중간에 나오는 경우도 있다.

- 너는 **어떻게** 자전거를 타는지 아니?

  how a bike ride

  = 너는 아니 (뭘?) / **어떻게 탈지**를 / 자전거? 보물지도 왼쪽 → 중간방 → 너

→ Do you know / how to ride / a bike?

how가 문장의 맨 앞에 나오는 것보다 동작변신 된 단어의 앞에 위치하는 것이 말의 순서로 볼 때 더 자연스럽기 때문이다. 즉,

How do you know / **to ride** / a bike? …로 만들면 「넌 어떻게 아니…?」의 뜻이 되기 때문이다.

주의 : **「동작변신」에 대해서 학생들이 연습해 두어야 할 것이 또 있다.** 즉, 여러분들이 책을 읽을 때 문장 속에 있는 어순에 따라 **동작의 뜻**이 여러 가지로 변신될 수 있음을 알아두어야 한다.

예를 들어

- I / want (뭘 원해?) / **to go** / home / now.
  *갈 것을

- I / study / English (왜?) / **to go** / to England / next year.
  *가기 위해

이처럼 똑같은 단어의 뜻이 여러 가지로 될 수 있다는 것이 학생들에게는 놀라움과 두려움이 될 수도 있다. 그러나 「동작변신」에서 뿐만 아니라 영어의 많은 단어들이 그 뜻이 그것의 앞뒤 단어들과 어울리기 위해서는 언제라도 변할 수 있다는 것을 미리 알아둘 필요가 있다.

Unit 2 「동작과 상태」 : 「~다」로 끝나는 단어가 「동작」인지 「상태」인지 구별

1 우리말에서 「~다」로 끝나는 단어는 「동작」일 수도 있고 「상태」일 수도 있다. 그리고 문장에서 그것이 「동작」이든 「상태」이든 차이를 두지 않는다. 그러나 영어에서 동작과 상태는 각각 다른 표현 방식을 갖고 있다. 그리고 18가지 문장에서 각각 다르게 사용된다.

그러므로 영어공부를 할 때 「동작」과 「상태」를 잘 구별할 줄 알아야 한다는 것은 아무리 강조해도 부족하지 않다. 아무리 이해하기 쉬운 문장이라고 하더라도 이 두 가지를 구별해야 할 상황이 자주 발생한다. 여러분이 잘 알고 있는 「made in Korea」에서 「made」도 「만들어진 상태」라는 뜻이다. 「만들었다(동작)」가 아니다. 좀더 예를 들어보면, 우리말 「한다」라는 단어에서는 움직이는 「동작」이 느껴진다. 그러나 「다 했다」에서는 움직임이 끝나서 쉬고 있는 「상태」가 느껴진다. 「깨끗하다」에서는 깨끗한 「상태」가 느껴지지만 「깨끗이 하다」에서는 청소하는 「동작」이 느껴지며, 「잡다」는 손을 뻗는 「동작」이 느껴지고 「잡혔다」는 「잡다」라는 동작을 당한 후 꼼짝 못하는 「상태」가 느껴진다. 즉, 우리말에서는 모두 똑같이 「~다」로 끝나는 말이지만, 영어에서는 다음과 같이 분류된다.

「동작」으로 분류되거나 ································· ①번
「이다」 + 「~상태」로 분류되거나 ································· ②번
「이다」 + 어떤 동작을 「당한 상태」로 분류되거나 ································· ③번
「갖고 있다」 + 어떤 동작을 「끝낸 상태」로 분류된다. ································· ④번

예를 들면 다음과 같다.

- 「잡다」는 그냥 '동작' ································· ①번
  「예쁘다」는 이다 + '예쁜 상태' ································· ②번
  「잡혔다」는 이다 + '잡는 동작'을 당한 상태 ································· ③번
  「잡아 본 적이 있다」는 갖고 있다 + '잡는 동작'을 끝낸 상태 ································· ④번

또 예를 들어 여러분이 갖고 있는 영어사전의 뒤쪽에 나와 있는 「불규칙동사표」 중의 하나인

- 「make-made-made」의 경우 첫 번째 「make」는 O · × 동작이고, 두 번째 「made」는 과거 동작이며, 세 번째 「made」는 make라는 동작을 「당한 상태」이거나, make라는 동작을 「끝낸 상태」이다.

연습하기

1. 네가 거기에 왜 **갔느냐?** (go-went-gone)
   왜 너가 가는 **동작**을 했니 / 거기에? 보물지도 왼쪽 → 중간방 → 너
   ①

→ Why did you go / there?

2. 너는 전에 이것을 혹시 **본적이 있니?** (see-saw-seen)
   갖고 있니 / 너는 / 혹시 보는 동작을 **끝낸 상태**를 / 이것을 / 전에?
   have ④ 보물지도 오른쪽(왼쪽이 아님) → 중간방 → 너

→ Have / you / ever seen / this / before?

※ 여기서 주의할 점이 있다. 원래 「have」는 보물지도의 「왼쪽」에 있다. 예를 들어 「너 연필 갖고 있니?」는 '왼쪽 → 중간방 → 너' 이므로 Do you have a pencil? 이다. 그러나 끝난 상태 앞에 나오는 「have」는 보물지도 오른쪽에 있다. 즉, 보물지도 오른쪽에서 「이다」와 「있다」처럼 행동한다. 다시 말해서 「묻는말」에서는 「은 · 는 · 이 · 가」로 끝나는 단어의 앞으로 가고, 「반대말」에서는 have 뒤에 그냥 not을 붙인다.

3. 이것이 여기로 언제 **보내졌죠?** (send-sent-sent)
   언제 이었니 / 이것이 / 보내는 동작을 **당한 상태** / 여기로? 보물지도 오른쪽 → 중간방 → 나머지
   ③

→ When was / this / sent / here?

4. 당신이 이것을 여기로 **보냈나요?** (send-sent-sent)
   너가 / 보내는 **동작**을 했니 / 이것을 / 여기로? 보물지도 왼쪽 → 중간방 → 너
   ①

→ Did you send / this / here?

5. 왜 그것을 당신은 **아직 보내지 않았죠?** (send-sent-sent)
   왜 갖고 있지 않니 / 너는 / 보내는 동작을 **끝낸 상태**를 / 그것을 / 지금?
   ④ 보물지도 오른쪽 → 중간방 → 너

→ Why haven't / you / sent / it / yet?

6. 그것은 **예쁘지 않아요.**
   그것은 / 아니다 / 예쁜 **상태.** 보물지도 오른쪽 → 아랫방 → 나머지
   ②

→ That / is not / pretty.

7. 이것은 이곳에서 **만들어진 게 아니죠.** (make-made-made)
이것은 / 아니다 / 만드는 동작을 **당한 상태** / 여기서. 보물지도 오른쪽 → 아랫방 → 나머지
③
→ This / is not / made / here.

8. 제가 이것을 **만든 게 아니에요.** (make-made-made)
내가 / 만드는 **동작**을 한 게 아니었다 / 이것을. 보물지도 왼쪽 → 아랫방 → 나
①
→ I / didn't make / this.

2 특수한 경우로서 '「이다」 + 「~상태」' '「이다」 + 어떤 동작을 「당한 상태」'의 경우에 「이다」가 빠져 버리는 경우가 있으며, 또는 「이다」 대신 look, get, seem 등의 단어를 사용하기도 한다. 예를 들어

- 나는 한국에서 **만들어진** 차를 사고 싶습니다.
  나는 / 원한다 / 살 것을 / 차 한 대를 (무슨 차?) / **만들어진 상태** / 에서 / 한국.
  *「이다」가 앞에서 빠져 있음. 보물지도 왼쪽 → 윗방 → 나

→ I / want / to buy / a car / made / in / Korea.

- 그녀가 키 큰 상태**이니?**
  이니 / 그녀가 / 키 큰 상태? 보물지도 오른쪽 → 중간방 → 나머지

→ Is / she / tall?

- 그녀가 키 커 **보이니?**
  그녀가 **보이니** / 키 큰 상태?
  *「보인다」는 보물지도의 오른쪽이 아니고 왼쪽에 있다. 보물지도 왼쪽 → 중간방 → 나머지

→ Does she look / tall?

3 「갖고 있다」 + 어떤 동작을 「끝낸 상태」와 「이다」 + 어떤 동작을 「당한 상태」가 합쳐져서 같은 문장 안에 들어가는 경우가 있다.

- 이것은 한국에서 **만들어진다.**
  이것은 / 이다 / 만들어진 상태(**당한 상태**) / 에서 / 한국. 보물지도 오른쪽 → 윗방 → 나머지

→ This / is / made / in / Korea.

- 그 집은 **이미 다 지어졌다.**

그 집은 / **갖고 있다** / 이미 …인 **상태** (뭐인 상태?) / 지어진 **상태.** 보물지도 오른쪽 → 윗방 → 나머지
끝난 상태 당한 상태

→ The house / has / already been / built. *「끝낸 상태」와 「당한 상태」 두 가지가 합쳐져 있다.

4 「갖고 있다」+ 어떤 동작을 「끝낸 상태」와 「동작변신 ing」형태가 합쳐져서 한 문장 안에 같이 들어가는 경우가 있다.

- 그는 학교에서 돌아온 이후부터 **쭉 TV를 보고 있는 중이다.**

그는 / 갖고 있다 / 쭉~인 상태 (뭐인 중 상태?) / 보는 중 / TV를
끝낸 상태 동작 변신

// 이후부터 쭉 그가 / 돌아왔던 / 에서 / 학교. 보물지도 오른쪽 → 윗방 → 나머지, 왼쪽 → 윗방 → 나머지

→ He / has / been / watching / TV // since he / came back / from / school.

5 「동작변신 ing」형태와 어떤 동작을 「당한 상태」가 합쳐져서 문장에 같이 들어있는 경우가 있다.

- 그 거대한 코끼리는 지금 배로 아프리카에서 한국으로 **옮겨지고 있는 중이다.**

그 거대한 코끼리가 / 이다 (뭐인데?) / 인 중 (무슨 상태인 중?) / 옮겨지는 상태 / 위에서 /
동작 변신 당한 상태

어떤 배 / 로부터 / 아프리카 / 로 / 한국 / 지금. 보물지도 오른쪽 → 윗방 → 나머지

→ The huge elephant / is / being / moved / on / a ship / from / Africa / to /
동작 변신 당한 상태
Korea / now.

6 그런데 여기 그 시간상 의미의 차이가 미묘한 경우가 있다. 즉 「have」+「~끝낸 상태」와 「had」+「~끝낸 상태」의 차이점이 그것이다.

- 그는 그의 숙제를 **다 해놓았다.**

그는 / 〈지금〉**갖고 있다** / 다 해놓은 상태를 / 그의 숙제를. 보물지도 오른쪽 → 윗방 → 나머지

→ He / has / done / his homework.

- 그는 식사 전에 그의 숙제를 다 **해놓았었다.**

그는 / 〈그때〉**갖고 있었다** / 다 해놓은 상태를 / 그의 숙제를 / 전에 / 저녁식사.
보물지도 오른쪽 → 윗방 → 나머지

→ He / had / done / his homework / before / dinner.

*과거에 했던 저녁식사 이전에 숙제를 이미 다 해놓았음을 의미한다. 즉, 과거의 어떤 때 끝낸 상태이다.

7 「끝낸 상태」와 「과거동작」은 그 차이가 너무나 미묘하기 때문에 어린 학생들은 이해하기가 어렵다. 그러나 영어의 어떤 분야(읽기 · 듣기 · 쓰기 · 말하기)에서도 자주 쓰이는 것이므로 따로 설명해서 가능한 한 더 많이 이해할 수 있도록 도와주는 것이 필요하다.

다음 대화를 예로 들어보자.

철　　수 : 영수 집에 있어요?
영수엄마 : 아니야, 학교에 **가 있단다.** ························ ①
철　　수 : 언제 **갔는데요?** ························ ②
영수엄마 : 한 시간 전에 **갔지.** ························ ③

①의 경우는 「가다」라는 동작을 끝낸 상태이므로 학교에 있다는 상황을 알려 준다.
따라서 No, he / is not. He / **has gone** / to school. 이 된다.
②의 경우는 언제 「가다」라는 동작을 했냐고 묻는 것이므로 When **did** he **go**? 가 된다.
③의 경우도 1시간 전에(시점) 「가다」라는 동작을 했다는 것이므로 He / **went** / an hour ago. 가 된다 .

8 「당한 상태」가 단어 속에 포함되어 있는 경우가 있다.

- point – 뾰족하게 하다 (동작)
  point**ed** end – 뾰족하게 하는 동작을 당한 상태인 끄트머리 부분 ∵ 뾰족하게 **된** 끝 부분

- handicap – 불리하게 하다 (동작)
  handicapp**ed** people – 불리하게 하는 동작을 당한 상태인 사람들 ∵ 장애우

- endanger – 위험에 빠뜨리다 (동작)
  endanger**ed** species – 위험에 빠뜨리는 동작을 당한 상태인 종(種)들 ∵ 멸종 위기에 처한 동물들의 종(種)들

Unit 3 「각각의 상황에 맞는 시간」을 문장에서 표현해보기

여러분은 「간다」 「갔다」 「갈 것이다」 「가려고 하는 중이다」 「가는 중이다」 「가는 중이었다」 「간 적이 있다」 「갔었었다」 「갈 텐데」 「갔었을 텐데」 등 그때 그때의 상황에 적절한 시간을 표현할 수 있어야 한다.

※어떤 경우에는 「동작변신」이나 「상태」를 잘 이용해야 하는 경우도 있다.

1 「간다」와 「가는 중이다」의 차이점

「가는 중이다」는 「지금 가고 있다」는 뜻이다. 그러나 「간다」가 무슨 뜻이냐고 묻는다면 대답하기가 어렵다. 필자의 생각으로는 「간다(◯)」는 「안 간다(×)」의 반대일 뿐인 것 같다. 그리고 「가는 중이다」는 지금 가는 것이지만, **「간다」**는 **지금**이라는 의미가 전혀 없다.

- 나는 지금 학교에 가는 중이다.

  나는 / 이다 / 가는 중 / 에 / 학교 / 지금. 보물지도 오른쪽 → 윗방 → 나

→ I / am / going / to / school / now.

- 나는 학교에 다닌다.

  나는 / 다닌다 / 에 / 학교. 보물지도 왼쪽 → 윗방 → 나

→ I / go / to / school.

※「지금 가고 있다」의 뜻은 전혀 없고, 「다닌다」의 뜻이 있다. 또는 「안 간다」 「간다」의 차이가 있다. 즉, ×와 ○인 부정과 긍정의 개념이다.

2 「갈 것이다」와 「꼭 가고야 말겠다」의 차이점

「갈 것이다」는 그냥 미래에 갈 것이라는 뜻이고, 「꼭 가고야 말겠다」는 고집을 나타내는 경우이다.

- 나는 내일 거기 갈 것이다.

  나는 / 갈 것이다 / 거기 / 내일. 보물지도 왼쪽 → 윗방 → 나

→ I / will go / there / tomorrow.

- 네가 뭐라고 말해도 난 갈 것이다.

  나는 / 갈 것이다 // 무엇을 너가 / 말하든. 보물지도 왼쪽 → 윗방 → 나 // 왼쪽 → 윗방 → 너

→ I / will go // whatever you / say. *'꼭 가고야 말겠다'는 고집이 자연스럽게 드러난다.

3 「가려고 하는 중이다」와 「갈 일이 있다」의 차이점

「가려고 하는 중이다」는 앞으로 가기 위해 「뭔가를 하고 있는」의 느낌이 있고, 반면에 「갈 일이 있다」는 앞으로 가게 될 일을 갖고(have) 있으므로 결국 가게 된다. 또는 「가야 한다」는 의미가 있다.

● 나는 지금 학교에 가려고 하는 중이다.

나는 / 이다 / 하는 중 / 가려고 / 에 / 학교 / 지금. 보물지도 오른쪽 → 윗방 → 나

→ I / am / going / to go / to / school / now.
하는 중 가려고

● 나는 지금 학교에 갈 일이 있다.

나는 / 갖고 있다 / 갈 일을 / 에 / 학교 / 지금. 보물지도 왼쪽 → 윗방 → 나

→ I / have / to go / to / school / now.
갖고 있다 갈 일을

※갈 일을 갖고 있으면 결국 가야 하므로 「가야 한다」의 뜻이 된다.

4 「갔다」와 「갔었다」의 차이점

● 짱구 : 나는 어제 에버랜드에 갔다.

나는 / **갔다** / 에 / 에버랜드 / 어제. 보물지도 왼쪽 → 윗방 → 나

→ I / went / to / Everland / yesterday.

● 짱순 : 난 네가 거기 가기 전에 갔다 왔다.

나는 / 갖고 **있었다** / **가 있는 상태**를 / 에 / 에버랜드 // 전에 너가 / 갖고 있었기 〈전에〉.

보물지도 오른쪽 → 윗방 → 나 // 오른쪽 → 윗방 → 너

→ I / had / been / to / Everland // before / you / had.

즉, 짱순이는 짱구가 가기 이전에 이미 갔다 왔다는 것이다. 과거의 어떤 때 이미 끝낸 상태를 나타내는 상황이다.

5 우리말보다 영어에서의 「시간」표현이 더 정확한 경우가 있다.

「그는 기쁘다고 말했다」를 표현할 경우에 보통 우리나라 말에서는

그는 / **말했다** // 그가 / **이다**(is)고 / 기쁜 상태. 처럼 「시간」을 표현한다.

그러나 영어에서는 「그는 / **말했다** // 그가 / **이었다**(was)고 / 기쁜 상태.」로 「시간」을 표현한다.

보물지도 왼쪽 → 윗방 → 나머지 // 오른쪽 → 윗방 → 나머지

→ He / said // he / **was** / glad.

*말한 것도 과거이고, 기쁜 것도 과거이므로 두 개 문장의 「시간」을 일치시킨다.

또, 「그는 거기 갈 것이라고 말했다.」를 표현할 경우에 보통 우리말에서는

「그는 / **말했다** // 그가 / **갈 것이라고**(will go) / 거기.」로 「시간」을 표현한다.

그러나 영어에서는 「그는 / **말했다** // 그가 / 갈 것이라고(would go) / 거기.」로 「시간」을 표현한다. 왜냐하면, 영어에서는 말한 시점이 「과거」이고, 「갈 것이다」의 시점도 「과거」에서 볼 때 「미래」라고 이해되고 있기 때문이다.

*「과거」와 「미래」의 의미를 동시에 갖고 있는 단어 「would」가 만들어졌다는 것이 재미있다.

6 우리가 흔히 생각하는 「과학적인 시간」의 틀을 깨버리는 상황에 대한 이야기이다.

상황 1.

아들 : 아빠, 1,000원만 주세요.

아빠 : (호주머니에 손을 넣어보며) 1,000원이 **있으면** 줄게.
* (당연히 줄 수 있는 상황이다.) have

상황 2.

아들 : 아빠, 100만 원만 주세요.

아빠 : (호주머니에 손을 '톡톡'치며) 내가 그만한 돈이 **있었으면** 주겠지만.
* (즉시 그만한 돈을 줄 수 없는 상황이다.) had

신기한 점을 발견했나? 상황 1.이나 상황 2.나 액수만 다르고 「과학적인 시간」도 똑같은데 왜 갑자기 have가 had(과거)로 되버린 걸까? 실제로 「과거」가 아니지 않는가?
이 경우를 '가짜 과거'라고 해보자. 이런 '가짜 과거'는 주로 사람들의 상상(가정)을 표현할 때 생겨난다. 그리고, 사람의 감정이 나타날 때도 과학적인 시간보다 한 단계씩 과거로 내려간다.

상황 1. : If I **have** the money // I **will** give it to you.(호주머니에 그 돈이 있으면 줄게)
*갖고 있으면 *줄 것이다

상황 2. : If I **had** the money // I **would** give it to you,(그만한 돈이 있었으면 주겠지만)
*갖고 있었으면 *줄텐데

but I don't.(그런 돈이 없다)

또, 「과거」에 벌어진 상황에서 다시 상상(가정)을 쓰는 경우가 있다.

상황 3. 그는 만약 자기가 그 돈을 **갖고 있다**면, 나에게 **주겠다**고 **말했다**.
had would give told

상황 4. 그는 만약 자기가 그 돈을 **갖고 있었으면**, 나에게 **주었을 텐데**라고 **말했다**.
had had would have given told
*갖고 있었다+가진 상태를 *갖고 있었을 것이다+준 상태를

상황 3과 상황 4 둘 다 말한 시점은 과거이다. 그러므로 상황 3에서 had와 would give, 즉 「과거」를 쓰는 것은 당연하다. 그러나 상황 4에서 had had와 would have given, 즉 「과거의 과거」를 쓰는 이유는 무엇일까? 「과학적인 시간」이 과거인데 다시 「상상(가정)」을 더 표현하는 상황이므로, 한 단계 더욱 과거로, 즉 과거의 어느 때 끝낸 상태로 되는 것이다.

상황 3. He **told** me // that he **would give** the money to me // if he **had** it.
상황 4. He **told** me // that he **would have given** the money to me // if he **had had** it.

※필자가 「감정」의 표현법이라고 부르는 것은 매우 말랑말랑한 개념이다. 즉, 상황에 따라 그 느낌이 미묘하게 달라지는 것이다.

예를 들어
1. Could you do this for me?의 경우 can의 과거 could가 쓰인 이유는, 「~해줄 수 있겠니?」처럼 상대방에게 「자신의 간곡하게 부탁하는 감정」을 표현하기 위함이다.
2. Would you like something to drink?의 경우 will의 과거인 would가 쓰인 이유는 「~좋겠니? 또는 ~마음에 드실까요?」처럼 상대방의 의사를 「다정하게 묻는, 즉 사교적인」 표현을 하기 위함이다.
그리고 이러한 표현법들은 아주 섬세하므로 일일이 다 구별해서 가르칠 수 없고 여러분 스스로 「각각의 문장」에서 「가장 적절한 의미」를 찾아내는 노력을 해가며 터득할 수 밖에 없다.

7 'shall ~ 다'에 대한 이야기

'shall ~ 다'는 'will ~ 다'처럼 미래를 표현한다. 그러나 「shall ~」의 경우는 「will ~」과 좀 다르다. 신이나 왕이 썼던 말투로 「…야 마땅하다」의 뜻이 있다. 그러므로 이런 말투는 듣는 사람이 부담을 느끼기 때문에 현대 영어에서는 잘 쓰이지 않는다. 그래서 shall의 과거 형태인 should가 주로 쓰이는데, 특히 「상대방의 마음을 상하지 않게 명령하는 감정」을 표현할 때 쓴다. 「~게 좋을텐데…」처럼.

연습하기

1. I / will do / it, because I / want / to do / it.
난 할 것이다 그것을 내가 원하기 때문에 할 것을 그것을

2. I / would do / it, because I / have / the power / to choose.
난 하겠다 그것을 내가 갖고 있으니까 그런 힘을 선택할
* 내 뜻이 그렇다는 은근한 감정.

3. I / shall do / it, because I / have / to do / it.
난 하게 될 거다 그것을 내가 갖고 있으니까 할 일을 그것을

4. I / should do / it, because I / do not have / the power / to decide //
난 하는 게 좋을 거야 그것을 내가 안 갖고 있으니까 그런 힘을 결정할
*어쩔 수 없다는 감정
weather I / want / to / or / not.
내 희망대로 할지 말지를

8 'must ~ 다'에 대한 이야기

① 원래 go(가다)의 앞에 must가 붙으면 「가야 한다」의 뜻이 된다.
즉, I / must go. He / must go. 등
가야 한다 가야 한다

② 그런데 He / must be / going. 처럼 이상하게 되는 경우가 있다.
이어야 한다 가는 중
그래서 할 수 없이 「이어야 한다」가 「임에 틀림없다」로 그 뜻이 바뀐다.
그러므로 He / must have / gone / there. 의 뜻도 가능하게 된다.
*갖고 있음에 틀림없다 + 가있는 상태를 = 가 있음에 틀림없다.

③ 그러나 「그는 거기에 가 있었음에 틀림없었다.」처럼 1단계 더 과거로 내려가야 할 경우에 또 문제가 생긴다. 왜냐하면 can-could, will-would 처럼 must-(   )에 과거가 없기 때문이다. 그래서 어쩔 수 없이 「갖고 있었음에 틀림없었다」의 경우에도 must have를 그대로 쓴다.

④ 또 ①번의 사용법처럼 I / must go. 의 과거인 「가야만 했었다」를 만들 때에도 문제가 생긴다. 즉, must의 과거 단어가 없다는 것이다. 그런데 이 경우에는 전혀 다른 표현법을 이용하게 된다.
즉 I / had / to go.
갖고 있었다 / 갈 일을 = 가야만 했었다.

또 must의 미래도 없으므로 「가야만 할 것이다」를 만들 때에도 문제가 생긴다.

그래서 I / will have / to go. 로 표현한다.
가질 것이다 / 갈 일을 = 가야만 할 것이다.

9 'may ~ 다' 에 대한 이야기

① may 는 원래 「허락」의 뜻이 있다. You / may go.
가도 된다

② 그러나 He / may be / going. 의 경우에는 그 뜻이 적절하지 않다. 그래서
이어도 된다 가는 중

「아마 일 것이다」로 그 뜻이 슬그머니 변해 버린다. 더구나 여기서의 「may be」는 문장에서 탈출하여 혼자 제멋대로 돌아다니기도 한다. 즉, 「아마…」라는 별개의 단어로 쓰인다.

Unit 4 두 개의 「가장 작은 문장」이 1개로 합쳐진 경우

1 분명히 「문장」 2개로 표현해야 할 내용임에도 불구하고 「문장」 2개를 쓰면 오히려 그 뜻이 이상하게 되어버리는 경우에 대한 것이다.

나는 그가 학교에 가고 있는 중인 것을 보았다. 를 문장 2개로 만들어 보면
① ② ② ①

나는 / 보았다 // 그가 / 이었다는걸 / 가는 중 / 에 / 학교.
I / saw // he / was / going / to / school.
① ① ② ②

가 되므로, 「난 그가 학교에 가는 중 **이었다**는 것을 보았다.」처럼 처음 만들고자 하는 의도와는 다르게 약간 부자연스럽게 되어 버린다.
이런 경우가 있기 때문에, 영어에서는 다음과 같이 문장 두 개를 한 개의 문장으로 줄여서 쓴다. 즉

난 / 보았다 / 그를(그가) / 가는 중〈인걸〉 / 에 / 학교 처럼 「was」가 없어진다.
→ I / saw / him / going / to / school.
를(가)

이런 문장의 가장 큰 특징은 ~을, ~를(은 · 는 · 이 · 가)처럼 1개의 단어가 두 번 쓰인다는 것이다. 예를 들면,

- 꽃들은 우리의 방을 기분 좋은 상태로 만든다.
  flowers our rooms cheerful make

Flowers / make / our rooms / cheerful.
우리의 방들을(이)

※원래 문장이 2개이었으니 이런 일이 일어나겠죠?

2 문장 2개가 1개로 줄어드는 문장의 경우에, 다음과 같은 4가지 유형으로 나뉜다.

① 유형 : ~을, ~를(은 · 는 · 이 · 가) / to~ 형태의 동작변신

즉 「앞으로 있을」 의미가 강조되는 경우이므로, 동작변신 to~ 형태를 사용한다.

● 나는 그에게 그곳에 가라고 명령했다.

나는 / 명령했다 / 〈에게〉그(가) / 갈 것을 / 그곳.

→ I / ordered / him / **to go** / there.

그를(그가)

● 나는 그에게 그곳에 가도록 허락했다.

나는 / 허락했다 / 그를(가) / 갈 것을 / 그곳에.

→ I / allowed / him / **to go** / there.

● 나는 그 일을 할 그녀를 얻었다(나는 그녀에게 그 일을 시켰다).

나는 / 얻었다 / 그녀를(가) / 하게 될 것을 / 그 일.

→ I / got / her / **to do** / it.

② 유형 : ~을, ~를(은 · 는 · 이 · 가) / ~ing 형태의 동작변신

즉 「~중인 것이라는」 의미가 강조되는 경우이므로, 동작변신 ~ing 형태를 사용한다.

● 나는 그가 집 밖으로 걸어 나가고 있는 중인 것을 보았다.

나는 / 보았다 / 그를(가) / 걸어 나가고 있는 중〈인 것을〉 / 밖으로 / 의 / 그 집.

→ I / saw / him / **walking** / out / of / the house.

● 나는 그가 아래층으로 내려오는 중인 소리를 들었다.

나는 / 소리를 들었다 / 〈의〉그 사람(이) / 내려오는 중〈인 것을〉 / 계단 아래로.

→ I / heard / him / **coming** / downstairs.

● 나는 그가 길을 건너는 중인 것을 보았다.

나는 / 보았다 / 그를(가) / 건너는 중〈인 것을〉 / 그 길.

→ I / saw / him / **crossing** / the street.

③ 유형 : ~을, ~를(은 · 는 · 이 · 가) / to~ 형태의 동작변신에서 to가 없어지거나

~을, ~를(은 · 는 · 이 · 가) / ~ing 형태의 동작변신에서 ing가 없어진다.

예를 들면

● 나는 그가 열심히 공부하도록 만들었다.

나는 / 만들었다 / 그를(가) / 공부하도록 / 열심히.

→ I / made / him / to study / hard. 처럼 만들 것 같지만,

나는 / …도록 만들었다 / 그를(가) / 공부하〈도록〉 / 열심히.

→ I / made / him / study / hard.

에서처럼 「to study」가 아닌 「study」를 쓴다. 왜 그럴까?

*원래 make의 뜻은 「만들다」이다. 예를 들면,

내가 이 배를 만들었다. (I / made / this boat.)

그러나 위의 경우처럼 「내가 그를 **만들었다**」는 이상하지 않은가?
made

차라리 「내가 그를 **…도록 만들었다**」로 make의 뜻을 바꾸는 것이 좋지 않을까?
그리고 그렇게 한 후의 문장을 다시 보면,

I / made / him / to study / hard. 처럼
…도록 만들었다 그를(가) 공부하도록

…도록의 뜻이 다시 반복해서 나오는 것을 발견할 수 있다. 특히 study(공부하다)의 뜻을 「공부하도록」으로 동작변신 시키기 위해 「to」를 붙인 것이므로, 만약 **…도록**의 뜻을 make가 먼저 표현해 버렸다면 뒤에서 다시 「study」에서 다시 똑같은 것을 표현할 필요가 없을 것이다. 그래서 「to study」에서 「to」를 생략했을 것이다.

이런 경우들은 또 있다.

● 나는 그가 가도록 해주었다.

나는 / 해주었다 / 그를(가) / 가도록.

→ I / let / him / to go. 처럼 문장을 만들지 않고

나는 / …를 …가 …도록 해주었다 / 그를(가) / 가〈도록〉.

→ I / let / him / go. 처럼 문장을 만든다.

● 나는 내 의자를 고치는 중인 사람을 갖고 있었다. (그래서 나는 그에게 내 의자를 고치게 했다.)

나는 / 갖고 있었다 / 그를(는) / 고치는 중인 / 내 의자를.

→ I / had / him / fixing / my chair. 처럼 문장을 만들지 않고

나는 / …는 …를 갖고 있었다 / 그를(는) / 고치는 / 내 의자를.

→ I / had / him / fix / my chair. 처럼 문장을 만든다.

※옛날 어떤 임금님이 의자 고치는 신하를 곁에 두었다거나….

또 다른 예를 들어보자.

● 나는 그가 그 길을 건너는 것을 보았다.

나는 / 보았다 / 그를(가) / 건너는 **중** / 그 길.

→ I / saw / him / crossing / the / street. 처럼 문장을 만들어야 하겠지만

*혹시 「건너는 중」인 것을 본 상황이 아니고 「그 길을 다 건너가서, 그 길 건너편 인도 위로 한 발을 올려놓고 있는 그의 뒷모습」만 살짝 보았던 상황이라면 어떻게 하겠는가? 그래도 「…중」으로 변신시키는 「…ing」를 써야만 할까? 아니다. 그래서

나는 / …가 …것을 보았다 / 그를(가) / 건너〈는 것〉 / 그 길.

→ I / saw / him / cross / the street. 처럼 문장을 만든다.

④ 유형 : ~을, ~를(은 · 는 · 이 · 가) / 다음에 「원래부터 상태」인 경우 또는 「동작을 당한 상태」인 경우

● 나는 그가 행복한 상태가 되도록 만들었다.

나는 / 만들었다 / 그를(가) / 〈되도록〉행복한 상태.

→ I / made / him / happy.

● 나는 그것이 쉬운 상태라는 것을 알게 되었다. (= 난 그것이 쉬운 일이라는 것을 깨닫게 되었다.)

나는 / 발견하게 되었다 / 그것을(이) / 〈라는 걸〉쉬운 상태.

→ I / found / it / easy.

● 나는 〈다른 사람에 의해서〉 고쳐진 상태인 내 의자를 가졌다.(= 나는 내 의자가 고쳐지도록 했다.)

나는 / 가졌다 / 내 의자를(가) / 고쳐진 상태인.

→ I / had / my chair / fixed.

※내 의자를 고친 것은 내가 아니라, 다른 사람이다.

주의 : 학생들이 책을 읽을 때 스스로 ~을, ~를(은 · 는 · 이 · 가)을 표시해가며 읽으면 어순 맞추기가 훨씬 쉽다는 사실을 알고 있을까?

지금까지는 「~을, ~를」을 제대로 해석하지 않는 습관을 갖고 있었을 것이다. 그러나 「직독직해」를 할 때는 「~을, ~를」을 넣어서 읽는 습관을 길러라.

I / saw / **her** / playing / the piano.

나는 / 보았다 / **그녀가** / 치는 중〈인 것을〉 / 그 피아노를. 처럼 읽기보다는

I / saw / **her** / playing / the piano.

를(가)

난 / 보았다 / **그녀를 즉 그녀가** / 치는 중〈인 것을〉 / 그 피아노.

처럼 읽어나가는 습관을 갖는 것이 더 좋다.

Unit 5 「설명하기 위한 가장 작은 문장」을 끼워 넣는 경우

「뭔가를 설명해 달라」고 할 때, 그 설명하는 말이 「문장」으로 되어 있는 경우가 있는데, 예를 들면 이런 경우를 말한다.

- [내가 보았던] 그 사람은 마술사이었다.

  그 사람은 (그 사람이 누군데?) / [그 사람을 내가 / 보았다니까]

  설명하는 문장

  (아! 네가 본 그 사람. 그 사람이 뭐?) / 이었다 / 그 마술사.

  → The man [whom I saw] was the magician.

* 문장 한 개가 어떤 단어나 어떤 문장을 설명하기 위해 다른 문장의 중간에 끼어 든 형태이다.

이처럼 「설명하는 문장」을 만들 때는

① 설명하는 문장에 [ ]를 표시해서 구별하기 쉽게 한 후

② who(그 사람이 · 그 사람들이), whom(그 사람을 · 그 사람들을), Which(그것이 · 그것들이), Which(그것을 · 그것들을)와 같은 단어를 맨 앞에 두는 문장을 만들어 끼워 넣으면 된다.

1 「who」를 사용해서 설명하는 문장

[너를 보았던] 그 사람이 우리 아빠이었니?

설명하는 문장

보물지도 ① 전체문장 : 오른쪽 → 중간방 → 나머지(너를 보았던 그 사람)

② 설명문장 : 왼쪽 → 윗방 → 나머지(그 사람)

따라서 다음과 같은 어순이 나오게 된다.

이었니 / 그 사람이(그 사람이 누군데?) / [그 사람이 보았잖아 / 너를] (아! 그 사람. 그 사람이 뭐?) / 우리 아빠?

→ Was the man [who saw you] my dad?

2 「whom」을 사용해서 설명하는 문장

[내가 보았던] 그 소녀는 이 아이가 아니다.
설명하는 문장

보물지도 ① 전체문장 : 오른쪽 → 아랫방 → 나머지(내가 보았던 그 소녀)
② 설명문장 : 왼쪽 → 윗방 → 나

따라서 다음과 같은 어순이 나오게 된다.

그 소녀는 (어떤 소녀?) / [그 사람을 내가 / 보았다니까] (아! 그 사람. 그 사람이 뭐?) / 아니다 / 이 아이.

→ The girl [whom I saw] is not this.

3 「which (그것이)」를 사용해서 설명하는 문장

[그 냉장고에 있었던] 그 치즈가 어디 있지?
설명하는 문장

보물지도 ① 전체문장 : 오른쪽 → 중간방 → 나머지(그 냉장고에 있었던 그 치즈)
② 설명문장 : 오른쪽 → 윗방 → 나머지(그것)

따라서 다음과 같은 어순이 나오게 된다.

어디 있니 / 그 치즈가 (무슨 치즈?) / [그것이 있었잖아 / 속 / 그 냉장고]?

→ Where is the cheese [which was in the fridge]?

4 「which (그것을)」을 사용해서 설명하는 문장

[내가 거기서 보았던] 그 나무는 그렇게 큰 상태 아니었다.
설명하는 문장

보물지도 ① 전체문장 : 오른쪽 → 아랫방 → 나머지(내가 거기서 보았던 그 나무)
② 설명문장 : 왼쪽 → 윗방 → 나

따라서 다음과 같은 어순이 나오게 된다.

그 나무는 (어떤 나무?) / [그것을 내가 / 보았다니까 / 거기서] (아! 그 나무. 그것이 뭐?) / 아니었다 / 그렇게 큰 상태.

→ The tree [which I saw there] was not so big.

*「~을 · ~를」로 끝나는 「whom」「which」는 빠져도 된다. 빠져도 어순이 자연스럽게 잘 흘러가기 때문이다.

5 좀 더 깊게 배워보자.

직독직해로 책을 읽다 보면 「who」가 보통 문장에서의 육하원칙(누구)인지, 여기서 다루는 설명하는 문장(그 사람)인지, 글씨가 똑같다보니 혼란을 일으키곤 한다.

- I / don't know / who she / was.
  난 / 모른다 // 누구 그녀가 / 이었는지.

*이 문장의 「who」는 육하원칙이므로 「누구」라고 해야 한다.

- I / don't / know / the girl // [who was sitting next to you at the party].
  난 / 모른다 / 그 아이를 (누구?) / [그 사람이 이었잖아 / 앉아 있는 중 / 가까이 / 쪽으로 / 너 / 에서 / 그 파티].

*이 문장의 「who」는 설명하는 문장 안에 있으므로 「그 사람이」라고 해야 한다.

*위와 같은 원리에 따라

1. 「whom」은 육하원칙의 「누구를」인지, 설명하는 문장 안의 「그 사람을」인지 구별해야 한다.
2. 「which」 뜻도 육하원칙의 「어느 쪽이, 어느 쪽을, 어느 쪽의」인지 설명하는 문장 안의 「그것이, 그것을」인지 구별해야 한다.
3. 「whose」 뜻도 육하원칙의 「누구의」인지 설명하는 문장 안의 「그 사람의」인지 구별해야 한다. 그리고 이상하게도 설명하는 문장 안의 「그것의」 뜻을 가진 단어는 which가 아니고 whose이다.
4. 「where」의 뜻이 육하원칙 「어디」가 아니고 설명하는 문장 안의 「그곳에서」인 경우가 있다.
5. 「when」의 뜻도 육하원칙 「때 · 언제」가 아니고 설명하는 문장 안의 「그 때」인 경우가 있다.
6. 「why」의 뜻도 육하원칙 「왜」가 아니고 설명하는 문장 안의 「그 이유 때문에」인 경우가 있다.
7. 「how」의 뜻도 육하원칙 「어떻게 · 얼마나」가 아니고 설명하는 문장 안의 「그런 식으로」인 경우가 있다.

이곳에서는 4. 「where」, 5. 「when」의 예만 들어 보겠다.

● 이곳이 [내가 태어난 상태이었던] 그 마을이다.
설명하는 문장

보물지도 ① 전체문장 : 오른쪽 → 윗방 → 나머지(이곳)
② 설명문장 : 오른쪽 → 윗방 → 나

이곳이 / 이다 / 그 마을 / [그 곳에서 내가 / 이었잖아 / 태어난 상태].
→ This is the village [where I was born].

● 그때는 [자동차가 거의 없는 상태이었던] 시절이었다.
설명하는 문장

보물지도 ① 전체문장 : 오른쪽 → 윗방 → 나머지(그 때 – it)
② 설명문장 : 오른쪽 → 윗방 → 너(자동차들)

그때는 / 이었다 / 어떤 시절 / [그 때 자동차들이 / 이었다니까 / 거의 없는 상태].
→ It was a time [when motorcars were rare].

6 「with which」「in which」「on which」 등을 이용해서 설명하는 문장을 만드는 경우가 있다.
으로 그것 속에 그것 위에 그것

● 이것이 [내가 앉았던] 그 의자이다.
설명하는 문장

보물지도 ① 전체문장 : 오른쪽 → 윗방 → 나머지(이것)
② 설명문장 : 왼쪽 → 윗방 → 나

따라서 다음과 같은 어순이 나오게 된다.

이것이 / 이다 / 그 의자 (무슨 의자?) // [위에 그것 내가 / 앉았었다니까].
→ This is the chair [on which I sat].

그런데 여기서도 「which」는 한 문장의 제일 앞에 나오려고 하는 자존심이 센 녀석이므로 「on」을 맨 뒤로 쫓아버리고 자신은 사라져 버리기도 한다.
→ this / is / the chair / [〈which〉 I sat on].

이 경우 where를 써도 된다.
→ this / is / the chair / [where I sat].

7 「what」이라는 단어는 육하원칙 [무엇이] [무엇을]이 아닌, 전혀 다른 뜻으로 [그것(은 · 이) 또는 그것(을)] + [그것(은 · 이) 또는 그것(을)]을 한 단어로 줄여 놓은 것인데, 설명하는 문장 속에서 종종 사용된다.

① 이것은 내가 좋아하는 그 자동차이다.

이것은 / 이다 / 그 자동차 // [그것을 내가 / 좋아한다니까].
the car　which　prefer

→ This is the car [〈which〉 I prefer].

② 이것이 내가 좋아하는 그것이다.

이것은 / 이다 / 그것 // [그것을 내가 / 좋아한다니까].
the thing　which　prefer

①과 ②는 아주 비슷한 문장이다.

특히 ②에서 the thing [which... 를 보면 너무도 비슷한 단어이다. 그래서 아마 2개를 합쳐서
그것　그것을

「what」으로 하자는 약속이 있는 듯하다. 그래서

→ ② This is what ______ I prefer]. 로 줄여서 만든다.
= the thing [which

8 **또 「설명하는 문장」에 나오는 「that」의 별명은 「마당발」이다.**

「that」은 who(그 사람이 · 그 사람들이) 대신 쓰일 수도 있고,
whom(그 사람을 · 그 사람들을) 대신 쓰일 수도 있고,
which(그것이 · 그것들이) 대신 쓰일 수도 있고,
which(그것을 · 그것들을) 대신 쓰일 수도 있다.

「whom」을 예로 들어보자.

● 이 아이가 [내가 어제 보았던 그 아이] 이다.

This is the boy [〈whom〉 I saw yesterday].
그 아이를

This is the boy [〈that〉 I saw yesterday].
그 아이를

이 두 문장은 같은 뜻이다. 즉, 「whom」과 「that」은 같은 말이다.

그 뿐만 아니라 「that」은 「who, whom, which」가 사용되기에 난감한 경우에도 대신 쓰인다.

● 길을 건너고 있던 한 남자와 그의 개가 어제 이 차에 치였다.

A man and his dog [that were crossing the street] were run over by this car
*그 사람과 그것이
yesterday.

9 그런데 학생들이 책을 읽다보면, 여기서 다루는 「that」과는 전혀 다른 「that」을 여러 번 보게 될 것이다.

「그는 그것이 너를 위한 것이 아니라고 말했다」의 경우

He / said // 〈that〉 it / was not / for / you. 가 된다.

이 문장의 「that」은 전혀 뜻이 없는 단어일 뿐이다. 없어도 된다는 말이다. 「즉」 또는 「뭐라 했냐 하면」 등처럼 잠깐 쉬는 느낌만 줄뿐이다.

주의 : 필자가 학생들을 가르치다 보면 이 「설명하는 문장」을 너무 많이 사용하는 경향을 가끔 발견하곤 한다.

「서울에 사는 우리 삼촌은 소방관이다.」를 영어로 바꾸어보라고 하면, 대게 학생들은

● My uncle [who lives in Seoul] is a fire fighter.
나의 삼촌은 / [그 사람이 산다니까 / 에 / 서울] 이다 / 소방관. 라고 한다.

그러나 설명하는 문장을 깨버려도 뜻을 맞춰가는 흐름에는 아무런 차이가 없다.

→ My uncle / in Seoul / is / a fire fighter.
나의 삼촌은 / 속 서울 / 이다 / 소방관.

4

A BASIC WAY TO CREATIVE ENGLISH

영어문장 만들기

쓰기, 말하기(1,000)

1 1~5단계를 연습하는 것은 어렵지 않다. 「우리말 문장 속의 단어」와 「영어문장 속의 단어」가 거의 일치되도록 만들어 놓았기 때문이다.

2 그러나 6~10단계를 연습할 때 여러분은 어려움을 느낄 것이다. 우리말 속의 단어의 뜻과 일치하는 영어단어를 떠올리는 것이 결코 쉽지 않기 때문이다. 즉 영어로 글을 써 보려 해보거나 원어민과 대화하고 있을 때, 그 동안 외워둔 영어단어들이 영어문장 속에서 잘 활용되지 않는 경우를 종종 경험하는 것과 같다. 그러므로 6~10단계의 각 문장마다에 있는 「어순힌트」를 잘 연구해 볼 필요가 있다.

Practice 1 1단계 : 가장 작은 문장 1개

「은 · 는 · 이 · 가」로 끝나는 단어와 「~다」로 끝나는 단어에 [ ] 표시를 해 두었으니 보물지도를 옆에 펼쳐 놓고 18가지 문장들 중 꼭 필요한 문장을 찾아내는 데에 실수하지 않기를 바란다.

100개의 영어문장 만들기

1. [나는] 학생 [이다].
I a student

2. [너는] 학생 [이구나].
you

3. [그녀는] 학생 [이다]. [그들은] 학생들 [이다].
She they students

4. [내가] 학생 [입니까]?

5. [너는] 학생 [이니]?

6. [그가] 학생 [이니]? [그들이] 학생들 [이니]?

7. [나는] 학생 [아니다].

8. [너는] 학생 [아니다].

9. [그는] 학생 [아니다]. [그들은] 학생들 [아니다].

10. [난] 여기 [산다].
here live

11. [넌] 여기 [사는구나].

12. [그녀는] 여기 [산다]. [그들은] 여기 [산다].

13. [내가] 여기 [사나요]?

14. [너는] 여기 [사니]?

15. [그가] 여기 [사니]? [그들이] 여기 [사나요]?

16. [나는] 여기 [살지 않는단다].

17. [너는] 여기 [사는 게 아니야].

18. [그는] 여기 [살지 않지]. [그들은] 여기 [살지 않아요].

19. [너는] 사과들을 [좋아하니]?
you apples like

20. [네 어머니는] 사과들을 [좋아하시니]?
your mom

21. [나는] 사과들을 [좋아하지 않아].

22. [그녀는] 사과들을 [좋아해].

23. [그녀는] 사과들을 [좋아하지 않아].

24. [너는] 지금 학교 에 [있니]?
now school in

25. [나는] 지금 학교에 [있지 않아].

26. [그가] 지금 학교에 [있니]?

27. [그는] 지금 학교에 [있다].

28. [그는] 지금 학교에 [있지 않다].

29. [그들은] 사과들을 [좋아하지 않는단다].

30. [그들은] 지금 학교에 [있지 않아].

31. A: [넌] 네 방을 매일 [청소하니]? B: 응, [난] [그래].
your room every day clean

32. A: [그가] 그의 방을 매일 [청소하니]? B: 아니, [그는] [안 그래].
his room

33. A: [그녀가] 그녀의 방을 매일 [청소하니]? B: 응. [그녀는] [그래].
her room

34. A: [제가] 이 방을 [청소하나요]? 응. [제가] [그렇군요].
= 제가 이 방 청소하는 게 맞군요.

35. A: [이것이] 네 것 [인가]? 응. [그것은] [맞군].
yours
= 이것이 네 것 맞군.

36. A: [이것이] 나를 위한 〈것〉 [인가요]? B: 아니, [그건] [안 그래].
for

37. A: [우리가] 이 방을 [청소하나요]? 그렇지, [우리가] [하는 것이군].
= 우리가 이 방을 청소하는 게 맞군요.

38. A: [넌] 지금 우리 집 가까이에 [있니]?
my house near
B: 아니, [난] [안 그래].

39. A: [그가] 지금 우리 집 가까이에 [있나]? 그래, [그는] [그렇군].
= 그가 지금 우리 집 가까이 있는 것이 맞군.

40. A: [그들이] 지금 거기 [있나]? 그래, [그들은] [그렇군].
= 그들이 거기 있는 것이 맞군.

41. 〈너는〉 학교에 [가라].

42. [너는] 이번 금요일 학교에 가려는 중 [아니다]. = 안 갈 것이다.
this Friday going

43. [너는] 이번 금요일 학교에 가려는 중 [이다]. = 갈 것이다.

44. 그러나, [나는] 이번 금요일 학교에 가려는 중 [아니다].
but

45. 〈너는〉 거기에 [가지마라].

46. 〈너는〉 조용한 상태 [이어라]! = 조용히 해!
quiet

47. [너는] 조용한 아이 [이구나].
a quiet girl

48. 〈너는〉 수줍어 하는 상태 [이지마라]. = 수줍어 하지 마라.
shy

49. [그는]그토록 수줍어 하는 상태 [아니다]. = 그는 그 정도로 수줍어 하지 않는다.
so shy

50. 〈너는〉 떠드는 상태 [이지마라]! = 떠들지 마라!
noisy

51. [나는] 아직 여기 [있다].
still

52. [너] 아직 거기 밑에 [있니]?
there under

53. [그는] 저 상자 안에 [있지 않다].
that box in

54. [그는] 나 와 [놀지 않는다].
me with play

55. [그는] 항상 나 와 [논다].
always

56. [그녀는] 나 와 같이 [있지 않다].
with

57. [너] 그것 에 대해 [궁금하니]?
it about wonder

58. 응, [그녀는] 거기에 [간단다].

59. 〈너는〉 나 에 대해 [걱정하지 마라].
worry

60. [엄마가] 나에 대해 [걱정하시니]?
mom

61. [난] 내 연필들을 여기에 [두지 않는단다].
my pencils here keep

62. 〈당신은〉 여기에 그 상자들을 [보관하세요].
the boxes keep

63. [네 아빠]가 여기서 [일하시니]?
your dad here work

64. 아니, [그는] [그러지 않으셔]. = 여기서 일하시는 게 아니야.

65. [제가] 금요일마다 [일 하나요]?
Friday every

66. 응, [너는] [그래]. = 금요일마다 일 하는 거란다.

67. [뭔가가] 너 뒤에 [있다].
something behind

68. [그 수업이] 곧 [시작하나요]?
the class soon begin

69. [그는] 나 와 [있지 않다].
with

70. [너는] 내 친구 [아니다].
my friend

71. [그는] 고양이 한 마리를 [갖고 있다].
cat a have

72. [나] 역시 고양이 한 마리를 [갖고 있다].
too

73. [그들은] 고양이 한 마리를 [갖고 있다].
they

74. [그녀는] 어떤 남자형제도 [갖고 있지 않다]. = 오빠나 남동생이 없다.
any brothers

75. [나] 여기 벌써 [있어요]. = 도착해 있다.
already

76. [그녀는] 매일 학교 에 [걸어서 간다].
everyday to walk

77. [저것은] 유령 [이란다].
that a ghost

78. [너] 저 유령 [보이니]?
that ghost see

79. 아니, [난] [안 그래]. = 안 보여.

80. [네 선생님이] 너를 많이 [도와주시니]?
your teacher a lot help

81. [그는] 열심히 [공부한다].
hard study

82. 〈너는〉 열심히 [공부해라]!

83. 〈너는〉 너무 많이 [공부하지 마라]!
too much

84. [그녀가] 열심히 [공부하니]?

85. [그녀는] 지금 학교 에 [있다].
now in

86. 〈가보면〉 거기에 [학교가] [있다] 저 산 너머에. = 저 산 너머에 학교가 있다.
there a school over

87. 〈가봐〉 거기엔 [없는 것이] [있어] 그 방 에. = 그 방에 아무것도 없다.
there nothing in

88. [그는] 결코 거기 안 [간다]. *never에 반대의 뜻이 있다.
never

= [그는] 언제나 거기 [안 간다].
ever

89. 〈가보면〉 거기에 [한 학교가] [있니] 네 집 근처에? = 네 집 근처에 학교가 있니?
your house near

90. 〈가보면〉 거기에 [없는 학교가] [있다]. = 그곳에는 학교가 없다.
no school

91. [나는] 너를 [필요로 해].
need

92. [그들이] 너를 [필요로 하니]?

93. [나는] 그토록 많은 연필들을 [필요로 하지 않아요].
so many pencils

94. [당신은] 저를 [알고 계시나요]?
me know

95. [그는] 이것에 대해 어떤 것도 [모른다].
this about anything

96. [그 강아지가] 이 방 안에 [있니]?
the dog

97. [그는] 빨리 [걷는다].
fast walk

98. 〈너는〉 내 뒤에서 [걸어라].
behind

99. 〈너는〉 가기를 [계속해라]. = 계속 가라.
going keep

100. 〈너는〉 네 손 들을 [씻어라].
your hands wash

Practice 2 　2단계 : 육하원칙 + 가장 작은 문장 1개

이젠 여러분 스스로 「은 · 는 · 이 · 가」로 끝나는 단어와 「~다」로 끝나는 단어를 찾아라. 여기서는 육하원칙에 [____]를 해 두었다 .

100개의 영어문장 만들기

1. 네 이름이 [무엇] 이니?
your name what

2. 내 이름은 ○○이다.
my name

3. 그가 [무엇을] 좋아하니?
like

4. 그는 사과들을 좋아한다.

5. 그 사과가 [어디에] 있나요?
the apple where

6. 그것은 저 탁자 위에 있단다.
it that table on

7. 너는 [어떻게] 지내니?
how =있니

8. 나는 잘 지내는 상태 이다.
fine

9. 너는 [어디에] 사니?
where live

10. 나는 여기에서 가까이 산다.
here near

11. 네 할아버지는 [어떻게] 지내시니?
your grandfather how =있니?

12. 그 분은 잘 지내시는 상태 이다.
he fine

13. [왜] 너는 여기에 이렇게 일찍 왔니?
why here this early =있니?

14. 네가 여기 있을 [때]….
=있다 when

15. 그가 그것을 할 [때]….
it do

16. 그것이 [얼마나 긴 상태] 이니?
it how long

17. 넌 [얼마나 나이든 상태] 이니? = 넌 몇 살이니?
how old

18. 나는 10년 나이든 상태 이다. = 나 10살이다.
10 years old

19. 네 형제는 [얼마나 나이든 상태] 이니? = 네 형제는 몇 살이니?
your brother

20. 그는 5년 나이든 상태 이다. = 그는 5살이다.
5 years old

21. 그녀가 [얼마나 키 큰 상태] 이니?
how tall

22. 그녀는 나 보다 더 큰 상태 이다.
me than taller

23. 너는 [누구를] 더 좋아하니?
who〈m〉 more

24. [어느 것이] 더 긴 상태 이니?
which one longer

25. 이것이 저것 보다 더 긴 상태 이다.
this that than longer

26. [누가] 너를 가장 사랑하니?
who most

27. 우리 엄마는 나를 사랑하신다.
my mom

28. [누구를] 네가 가장 좋아하니?
who〈m〉 most

29. [언제] 그녀는 그녀의 숙제를 하죠?
when her homework do

30. 그 차가 [얼마나 빠른 상태] 입니까?
the car how fast

31. 그녀는 열심히 공부하기 [때문에]….
hard study because

32. 내가 오늘 학교 에 가려고 하는 중 아니기 [때문에]….
today to going =아니다

33. 그가 여기 없기 [때문에]….
here =있지 않다

34. 그가 지금 집 에 있기 [때문에]….
now home at

35. 그녀가 오늘 학교 에 안가기 [때문에]….
to

36. 네가 지금 학교에 있기 [때문에]….

37. 네가 지금 학교에 있지 않기 [때문에]….

38. 네가 학교 에 있는 [동안]….
in while

39. 내가 학교에 있는 [동안]….

40. 그녀가 학교에 있는 [동안]….

41. 내가 그토록 건강한 상태 아님[에도 불구하고]….
so healthy even though

42. 그가 그토록 건강한 상태 임[에도 불구하고]….
even though

43. [만약] 그가 여기의 그런 점을 맘에 들어 하지 않는다[면]….
if here it like

44. [만약] 그가 여기의 그런 점을 맘에 들어 한다[면]….
it

45. 그가 학교 에 가기 [전]….
to go before

46. 그가 이것을 나 에게 준 [후]….
this me to give after

47. [만약] 그들이 다시 오지 않는다[면]….
they again come

48. 네가 하는 것 [보다]….
do than

49. 네가 그것을 다시 하지 [않는 한]….
unless : 반대의 뜻이 있음

50. 그가 그것을 갖고 있기 [때문에]….
have : 보물지도의 왼쪽 because

51. [몇 시에] 그 수업이 시작하니?
what time the class begin

52. [언제] 이 영화가 시작하죠?
when this movie start

53. 이것이 [얼마] 입니까?
this how much

54. [얼마나 많은 돈을] 그가 원하나요?
how much money want

55. 내가 [얼마나 빨리] 이것을 필요로 하냐고?
how soon this need

56. [얼마나 잘] 네가 하는 중 인지…. = 얼마나 너가 잘 하는 중 인지
how well doing

57. 그것이 여기 에서 [얼마나 멀리 있는 상태] 이죠?
here from how far

58. 그것이 여기 에서 [얼마나 멀리 있는 상태] 인지….

59. [얼마나 많은 물을] 그가 하루에 마시는지….
how much water a day drink

60. [얼마나 많은 물을] 우리가 하루에 마시나요?

61. [얼마나 쉬운 상태] 이것은 인가!
how easy this

62. 그것이 [얼마나 어려운 상태] 인가요?
how difficult

63. [어떤 종류 의 사람 처럼] 그가 보이죠? *like는 맨 뒤로 가게 된다.
what kind of person like look

64. [어떤 종류 의 사람 처럼] 그가 보이는지….

65. 내가 [얼마나 예쁜 상태] 인지….
how pretty

66. 그 꽃이 [얼마나 예쁜 상태] 인가요?
the flower

67. 그 꽃들이 [얼마나 예쁜 상태] 입니까?
the flowers

68. [누구를 위해] 너는 이것을 하는 중 이지?
who⟨m⟩ for this doing
*for은 맨 뒤로 가게 된다.

69. 그것이 [얼마나 오래] 걸리나요?
how long 걸리게 하다-take

70. 그것이 [얼마나 오래] 걸리는지….

71. [누가] 거기 가나요?
who there

72. [무엇이] 이 상자 뒤에 있죠?
this box behind

73. [누가] 거기 가는지….

74. [무엇이] 그 상자 뒤에 있는지….

75. [누가] 거기 있나요?

76. [누가] 이 버스를 타죠?
this bus 타다-take

77. [누가] 거기 있는지….

78. [누가] 이 버스를 타는지….

79. [누가] 이것을 갖기를 원하죠?
to have want

80. [누가] 그러지(원하지)?
do

81. 너는 보통 [몇 시에] 침대 로 가니? = 너 몇시에 자니?
usually what time bed to

82. 그것이 [무슨 요일] 입니까 오늘? = 오늘이 무슨 요일입니까?
what day〈of the week〉 today

83. 넌 아침 에 [언제] 일어나니?
the morning in when get up

84. [그들 중에 누가] 네 형제 이니?
them of your brother

85. 그가 이 차를 [왜] 필요로 하지?
this car why need

86. 그것이 [얼마나 큰 상태] 이지?
how big

87. 그것이 [얼마나 큰 상태] 인지….

88. 내가 [어떻게] 이것을 사용하나요?
how use

89. 그가 [어떻게] 나를 아는지….
me know

90. 그가 [어떻게] 알고 있지?

91. 그 일이 [어떻게] 되가는 중 인지….
it how going

92. 그 일이 [어떻게] 되가는 중 이니?

93. 〈하는〉 일마다가 [어떻게] 되가는 중 이니?
everything

94. [얼마나 잘] 그 일이 되어가는 중 이니?
how well it

95. [얼마나 잘] 그 일이 되어가는 중 인지….
the project

96. [만약] 네가 그것을 마음에 들어 한다[면]….
if like

97. [만약] 그가 그것을 마음에 들어 한다[면]….

98. [만약] 그들이 영어를 열심히 공부한다[면]….
they English hard study

99. 네가 영어를 열심히 공부한다 [하더라도]….
even though

100. 그가 영어를 열심히 공부함 [에도 불구하고]….
even though

Practice 3 3단계 : 「어순」을 잘 맞추어야 하는 문장

①의 표시가 되어 있는 단어를 그 문장의 맨 앞에 놓는다. 그리고 그 단어 다음부터 묻는 말을 넣고 (/) 그 묻는 말에 대한 대답을 찾아가며 어순을 맞추어라.

ex) 「원숭이의 엉덩이는 빨간 상태이다.」
①

「그 엉덩이들은 (무슨 엉덩이?) / 의 (무엇의?) / 원숭이들 (아, 그게 뭐?) / 이단다 (뭔데?) / 빨간 상태」 처럼 묻고 대답해가면,

「그 엉덩이들은/의/원숭이들/이다/빨간 상태」가 영어의 어순이 된다. 그리고 「보물지도」에서 필요한 문장을 찾아야 한다.

→ The rears of monkeys are red.

100개의 영어문장 만들기

1. 나는 / 학교 / 에 / 가는 중 / 이다.
① to going

2. 너는 / 어디로 / 가는 중 / 이니?
where
①

3. 그는 / 지금 / 학교 / 에 / 가는 중 / 아니다.
① now

4. 그는 / 그 모퉁이 / 근처의 / 한 가게 / 에 / 있다.
① the corner near a shop in

5. 그 가게 / 의 / 그 지붕은 / 파란상태 / 이다.
the store of the roof
①

6. 그 가게 / 의 / 그 지붕이 / 무슨 색깔 / 이니?
the store what color
①

7. 그는 / 자기 가게 / 의 / 그 지붕을 / 고치는 중 / 이다.
① his store fixing

8. 서울 / 에 〈있는〉 / 나의 삼촌은 / 소방관 / 이다.
Seoul in my uncle a fire fighter
①

9. 서울 / 에 〈있는〉 / 네 삼촌은 / 무슨 일을 / 하시니?
what
①

10. 난 / 서울 / 에 〈있는〉 / 네 삼촌을 / 안다.
①

11. 저녁식사 / 전에 / 손들을 / 씻어라.
dinner before your hands wash
①

12. 내가 / 그 / 와 / 학교 / 에 / 가기 / 전에….
with to before
①

13. 그가 / 그 길 / 건너에 〈있는〉 / 저 건물 / 에서 / 일하니? Does
he the street across that building in work ①

14. 그는 / 그 길 / 건너에 〈있는〉 / 저 건물 / 에서 / 일한단다.
①

15. 그녀가 / 왜 / 그 길 / 건너에 〈있는〉 / 저 가게 / 에 / 있니?
① that shop at

16. 그것을 / 내 방 / 에 〈있는〉 / 그 책상 / 위에 / 두고 가라.
on 두고 가다–leave
①

17. 누가 / 이것을 / 그녀의 방 / 에 〈있는〉 / 그 책상 / 위에 / 놓았나요?
who this desk put
①

18. 너희들 둘 다 / 언제 / 한국을 / 떠나지?
you both ① leave

19. 만약 / 그가 / 나 / 와 같이 / 학교 / 에 / 간다 / 면….
①

20. 그가 / 항상 / 이 가방을 / 갖고 / 학교 / 에 / 가나요? Does
always this bag with ①

21. 얼마나 많은 돈을 / 너는 / 하루〈에〉 / 쓰니?
how much money a day spend
①

22. 내가 / 하루〈에〉 / 얼마나 많은 돈을 / 쓰냐고?
①

23. 그녀는 / 그토록 많은 돈을 / 하루〈에〉 / 결코 쓰지 않아.
① so much money *never 자체에 반대 뜻이 있음.

24. 나는 / 우리 학교 / 의 / 앞 / 에 / 있다.
① my school of front in

25. 만약 / 그 학교 / 의 / 앞 / 에 / 없는 사람이 / 있으 / 면…. = 아무도 없다면
If of front no one
①

26. 만약 / 그녀가 / 그 학교 / 의 / 앞 / 에 / 있지 않다 / 면….
①

27. 너는 / 얼마나 오래 / 그 도시 / 에서 / 머물려고 / 하는 중 / 이니?
how long the city in to stay going
①

28. 나는 / 그 도시 / 에서 / 3일 / 동안 / 머물려고 / 하는 중 / 이다.
① for

29. 그녀는 / 그 도시 / 에서 / 그토록 오래 / 머물려고 / 하는 중 / 아니다.
① so long

30. 그 도시 / 에 있는 / 그 사람들은 / 지금 / 위험 / 속에 / 있다.
in the people now danger in
①

31. 이 건물 / 의 / 다른 쪽 / 에 / 〈가보면〉거기에 / 또 다른 정원이 / 있나요?
of the other side at there another garden ①

32. 그녀는 / 그 방 / 의 / 다른 침대 / 에서 / 잔단다.
① in the other bed on sleep

33. 그들 / 의 / 양쪽 다 / 너 / 에 대해 / 알고 있단다.
them of both about know
①

34. 그는 / 좋은 사람 / 처럼 / 보인다.
① a good man like 보이다–look

35. 그는 / 좋은 사람 / 처럼 / 보이지 않아.
①

36. 그것이 / 무엇 / 처럼 / 보이니?
①

37. 그것은 / 내 생일 / 까지 / 단지 3일 / 이다.
=남아있는 기간은 my birthday till only three days
①

38. 네 왼쪽 손 / 안에 / 무엇을 / 너는 / 갖고 있니?
your left hand ①

39. 그들이 / 서로 / 와 / 가장 친한 친구들 / 임 / 에도 불구하고….
each other with best friends =이다 even though
①

40. 언제 / 우리가 / 그들 / 과 / 거래하지?
① trade

41. 그녀가 / 언제 / 그 목록 / 에 있는 / 모든 것을 / 갖고 오려고 하는 중 / 이죠?
① the list on everything bringing

42. 그들은 / 그 목록 / 에 있는 / 모든 것을 / 갖고 있나요? Do
have ①

43. 이것들이 / 그 목록 / 에 있는 / 모든 그 책들 / 입니다.
these on all the books
①

44. 그 목록 / 에 있는 / 모든 그 책들은 / 과학 / 에 관한 〈것〉 / 입니다.
① science about

45. 그 목록 / 에 있는 / 모든 그 책들은 / <u>무엇</u> / <u>에 관한</u> 〈것〉 / 입니까?
①

46. 그가 / 그 목록 / 에 있는 / 모든 책들을 / 갖고 있니? Does
①

47. 난 / 네 생일을 / 위한 / 선물을 / 갖고 있단다.
① your birthday a present

48. 네 반 / 의 / 각각 모두가 / 네 파티 / 에 / 오려고 하는 중 / 이니?
your class in everyone to coming ①

49. 우리 반 / 의 / 모두가 아닌 이가 / 내 생일파티 / 에 / 오려고 하는 중 / 이다.
my class in not everyone coming
①
= 우리 반 애들 모두가 내 생일에 오는 것은 아니다.

50. 네 반 / 속의 / 각각 모두가 / 저 방 / 안에 / 있니?
everyone that room in ①
= 너희 반 친구들이 한 명도 빠짐없이 저 방안에 있니?

51. 네 혀를 / 쑥 / 내밀어라. = 메롱 해봐.
your tongue out stick
①

52. 어떤 사람 / 에게도 / 네 혀를 / 쑥 / 내밀지 마라. = 메롱 하지 마라.
anyone at ①

53. 그것을 / 저 코너 / 에 〈있는〉 / 저 경찰관 / 에게 / 보여주어라.
that corner at the police man to show
①

54. 저 상자 / 안에 〈있는〉 / 모든 그 책들은 / 내 것 / 이다.
that box in all the books mine
①

55. 그 상자 / 안에 〈있는〉 / 그 책들은 / 모두 내 것 / 이다.
① all mine

56. 저 상자 / 안에 〈있는〉 / 그 책들이 / 모두 네 것 / 이니?
all yours ①

57. 난 / 저 상자 / 안에 〈있는〉 / 그 책을 / 원해.
① the book

58. 저 상자 / 안에 〈있는〉 / 저것들은 / 누구의 책들 / 이니?
those whose books
①

59. 너는 / 이 드레스 / 의 / 무엇을 / 떠올리니? = 이 드레스 어때?
this dress of what 떠올리다-think
①

60. 그녀는 / 이 드레스 / 의 / 무엇을 / 떠올리니?
①
= 그녀가 이 드레스에 대해 어떻게 생각하니?

61. 난 / 음식 / 의 / 한 뭉치를 / 갖고 있다. = 나는 먹을 것이 많다.
① food of a lot have

62. 그는 / 돈 / 의 / 한 뭉치를 / 갖고 있다. = 그는 많은 돈을 갖고 있다.
① money

63. 그가 / 돈 / 의 / 한 뭉치를 / 갖고 있니? Does
①

64. 그녀는 / 아이스크림 / 의 / 한 뭉치를 / 이 냉동기 / 안에 / 갖고 있단다.
① ice-cream this freezer in

65. 거기엔 / 한 뭉치 / 의 / 아이스크림이 / 있단다. = 거기엔 아이스크림이 많이 있다.
① a lot ice-cream

66. 거기 / 그 냉동기 / 안에 / 없는 아이스크림이 / 있단다.
there no ice-cream
①
= 그 냉동기 안에는 아이스크림이 없다.

67. 그는 / 아이스크림을 / 엄청 / 좋아한단다.
① a lot

68. 그들 둘 다는 / 아이스크림을 / 엄청 / 좋아한단다.
they both
①

69. 우리 / 의 / 양쪽 다〈는〉 / 열심히 / 공부해요.
us of both hard study
①

70. 그들 / 의 / 양쪽 다〈가〉 / 열심히 / 공부하나요? Do
them ①

71. 그것 / 에 대해서 / 꼼꼼하게 / 생각해봐!
it over carefully think
①

72. 그 게임은 / 저쪽에 / 있다. = 그 게임은 끝났다.
① over

73. 그 게임이 / 저쪽에 / 있니? = 그 게임이 끝났니?
①

74. 그 게임은 / 저쪽에 / 있지 않다. = 그 게임은 끝나지 않았다.
①

75. 너는 / 그것을 / 위해 / up / 이니? = 넌 그것을 할 준비 되어 있니?
it for ①

76. 그녀는 / 그녀 자신의 집을 / 그 도시 / 에 / 갖고 있다.
① her own house the city in

77. 이 물은 / 그 산 / 위 / 로부터 / 쭉 / 여기로 / 흘러내린다.
this water the mountain up from all the way here come down
①

78. 그 물은 / 이 동굴 / 의 / 밖으로 / 흘러나온다.
① this cave of out come

79. 이 물이 / 어디 / 로부터 / 나오지?
where from come
①

80. 이 물은 / 그 동굴 / 로부터 / 이지 않다. = 그 동굴로부터 나온 것이 아니다.
① the cave from is not

81. 그는 / 다른 어떤 사람 / 보다 / 더 많이 / 먹는다.
① anyone else than more eat
어떤 사람 다른

82. 나는 / 다른 어떤 사람 / 보다 / 더 적게 / 먹어요.
① less

83. 나는 / 너 / 만큼 / 키 큰 상태 / 정도 / 이다. = 나는 너만큼 키가 크다.
① as tall as

84. 나는 / 너 / 만큼 / 키 큰 상태 / 정도 / 아니다.
①

85. 나는 / 에 대해서 / 말할 / 어떤 것을 / 갖고 있다. = 나 할 말이 있어.
① about to talk something

86. 그녀는 / 그 학교 / 에서 / 매우 멀리 떨어져 / 산다.
① from very far away

87. 그녀가 / 그 학교 / 에서 / 얼마나 멀리 떨어져 / 사니?
how far a way
①

88. 그들은 / 그 학교 / 에서 / 얼마나 멀리 떨어져 / 사니?
①

89. 너는 / 그 학교 / 에서 / 얼마나 멀리 떨어져 / 사니?
①

90. 그들이 / 그 학교 / 에서 / 얼마나 멀리 떨어져 / 있나요?
they ①

91. 그것은 / 7시 / 쪽으로〈가는〉 / 5분 / 이다. = 7시 5분 전
=현재 시각은 seven to five
①

92. 그것은 / 7시를 / 지난 / 5분 / 이다. = 7시 5분
=현재 시각은 past
①

93. 그녀는 / 지금 / 학교 / 쪽〈으로 향하는〉 / 그 길 / 위에 / 있다.
①　now　school　to　the way　on
= 그녀는 지금 학교에 가고 있다.

94. 난 / 지금 / 학교 / 쪽〈으로 향하는〉 / 그 길 / 위에 / 있지 않다.
①
= 나는 지금 학교에 가고 있는 게 아니다.

95. 너는 보이니 / 그 벽 / 에 〈있는〉 / 그 파란색 얼룩?　Do
보이다-see　the wall　on　the blue spot　①

96. 그것을 / 그 / 로부터 / 비밀〈로〉 / 간직하라! = 그것을 그에게 말하지 말라.
it　him　from　a secret　keep
①

97. 치즈는 / 우유 / 〈의 그 부분〉 / 으로부터 / 만들어진 상태 / 이다.
cheese　milk　from　made
①

98. Gary는 / 책들 / 의 / 매우 많이 모아놓은 것을 / 갖고 있다.
①　books　of　a very big collection　have

99. 이것은 / 우유 / 의 / 〈성분으로〉 / 만들어진 상태 / 이다.
①　of

100. 이것이 / 우유 / 의 / 〈성분으로〉 / 만들어진 상태 / 이니?
①

Practice 4 4단계 : 가장 작은 문장이 2개 이상

①은 첫 번째 문장이고, ②는 두 번째 문장이다. 이런 식으로 문장들 사이에도 순서를 맞춘다. 문장 간의 순서를 스스로 잘 맞출 수 있으면 ①② 등을 보려 하지 마라.
그리고 각각의 문장을 보물지도에서 찾는다.

* //표시는 한 문장이 끝나고 난 후 다음 문장의 내용을 묻는 표시이다.
ex) I / think (누가 어쩐다고?) // 그가 / 이다고 / 천재.

100개의 영어문장 만들기

1. **난**(①) **그가**(②) 지금(now) 학교에 **있다고**(②) **생각한다**(① think).

2. **난**(①) **그가**(②) 지금 학교에 **있다고**(②) **생각하지 않는다**(①).

3. **그는**(①) **네가**(②) 지금 학교에 **있다고**(②) **생각한다**(①).

4. **그는**(①) **네가**(②) 지금 학교에 **있다고**(②) **생각하지 않는다**(①).

5. **난**(①) **그가**(②) 지금 학교에 **있지 않다고**(②) **생각한다**(①).

6. **그는**(①) **네가**(②) 지금 학교에 **있지 않다고**(②) **생각한다**(①).

7. **그는**(①) **내가**(②) 지금 학교에 **있지 않다고**(②) **생각하셔**(①).

① ② ② ①
8. **넌** 지금 **그가** 학교에 **있다고 생각하니**?

① ② ② ①
9. **그는 네가** 지금 학교에 **있다고 생각하니**?

① ② ② ①
10. **그는 내가** 지금 학교에 **있지 않다고 생각하니**?

① ② ② ①
11. **난 그가** 어디 **있는지 안다**.
where know

① ② ② ①
12. **난 그가** 어디 **있는지 모른다**.

① ② ② ①
13. **그는 내가** 어디 **있는지 아니**?

① ② ② ①
14. **그는 네가** 어디 **있는지 모른다**.

① ② ② ①
15. **그들은 내가** 어디 **있는지 안다**.

① ② ② ①
16. **그들은 내가** 어디 **있는지 모른다**.

① ② ② ①
17. **난 그가** 어디로 **가는지 안다**.
where go

① ② ② ①
18. **그는 내가** 어디로 **가는지 모른다**.

①　②　　　②　①
19. **그녀는 네가** 어디로 **가는지 아니**?

②　　　②　①　①
20. **네가** 어디로 **가는지 그녀는 알지 않니**?

②　　　②　　　①
21. **네가** 어디 **사는지** 내〈게〉 **말해**.
you where live me tell

①　　　②　　　②
22. 내게 **말하지 마라** 즉 **내가** 네 친구 **아니라고**.
me that your friend

①　②　　　②　①
23. **난 그것이** 사실인 상태 **이기를 희망한다**.
it true hope

①　②　　　②　①
24. **그는 자기가** 모든 다른 사람 보다 더 나은 상태 **인 것**처럼 **행동한다**.
he everyone else than better like act

①②　　　②　①
25. **그녀가** 그것을 **원하는 것**처럼 **보이지 않아**.
it want like look

①②　　　②　①
26. **그녀가** 그것을 **원하는 것**처럼 **보이니**?

②　　　②　①
27. **그것이** 무엇 **인지** 내〈게〉 **애기해**.
what 이다 me tell

①　　　①　②　②
28. **그녀는** 나의 최고 친구 **이 고 〈그녀는〉** 여기 **산다**.
my best friend and here live

①　②　②　①
29. **난 그가** 누구**인지 궁금해**.
who wonder

①　②　②　①
30. 그녀는 자기가 정확히 <u>무엇을</u> **원하는지 알고 있다.** = 그녀는 이미 생각해둔 것이 있다.
exactly　know

①　①　②　②
31. 그녀가 여기 **살지 않지, 그녀가 그런가?** = 그녀가 여기에 안 살잖아.

①　①　②　②
32. 그녀가 여기 **살지, 그녀가 그렇지 않나?** = 그녀가 여기에 살잖아.

①　①　②　②
33. 그가 지금 학교에 **없지, 그가 그런가?** = 그가 학교에 없잖아.

①　①　②　②
34. 그녀가 지금 학교에 **있지, 그녀가 그렇지 않나?** = 그녀가 학교에 있잖아.

①　①　②　②
35. 너 이거 **맘에 들지, 너 안 그러나?** = 너 이거 맘에 들잖아.
this　like

①　①　②　②
36. 너 이거 **맘에 안 들지, 너 그러나?** = 너 이거 맘에 안 들잖아.

①　①　②　②
37. 내가 영화배우처럼 **보이지, 내가 안 그러나?** = 내가 영화배우처럼 보이잖아.
an actor like　look

①　①　②　②
38. 넌 그렇게 **생각하지, 너 안 그러나?** = 너 그렇게 생각하잖아.
so　think

①　①　②　②
39. 넌 그렇게 **생각 안 하지, 너 그러나?** = 너 그렇게 생각 안 하잖아.

①　①　②　②
40. 그들 역시 그렇게 **생각 안 하지, 그들이 그러나?** = 그들 역시 그렇게 생각 안 하잖아.
either

①　②　　　　②　　　　　　　　①
41. 그는 내가 〈큰 상태〉 **인〈것〉**보다 더 키가 큰 상태 **이다**. = 그는 나보다 키가 크다.
이다 than　　taller

①　②　　　　②　　　　　　　　①
42. 그는 내가 〈큰 상태〉 **인〈것〉**보다 더 키가 큰 상태 **아니다**. = 그는 나보다 키가 크지 않다.

①　②　　　　②　　　　　　　　①
43. 그는 내가 〈큰 상태〉 **인〈것〉**보다 더 키가 큰 상태 **이니**? = 그가 나보다 키가 크니?

①　②　　　②　　　　　　　　①
44. 그는 내가 갖고 있는 것보다 더 많은 연필들을 **갖고 있다**.
more pencils

①　②　　　②　　　　　　　　①
45. 그는 내가 갖고 있는 것보다 더 많은 연필들을 **갖고 있니**?

①　②　②　　　　　　　　　　①
46. 그는 내가 그러는 〈것〉만큼 강아지들을 많은 정도로 **좋아한다**.
do　as　dogs　much　as
= 그는 나만큼 강아지를 좋아한다.

①　②　②　　　　　　　　　　①
47. 너는 내가 그러는 〈것〉만큼 강아지들을 많은 정도로 **좋아하니**?

①　②　②　　　　　　　　　　①
48. 나는 네가 그러는 〈것〉만큼 강아지들을 많은 정도로 **좋아한다**.

①　②　　　　　　　　②　①
49. 난 그가 무슨 종류 의 사람 **인지 궁금해**. = 나는 그가 어떤 사람인지 궁금해.
what kind of person　　wonder

①　②　　　　　②　①
50. 난 그것이 그 사실 **이〈기〉를 바래**.
the truth　=이다　hope
=true(사실인 상태)

51. 만약 **네가** 거기 **안 간다**면, **나** 도 **안 그럴 거다**.
①①②②
either will not

52. 만약 **그가** 거기 **간다**면, **나** 도 **갈 것이다**.
①①②②
too

53. **그것이** 사실인 상태 **인지** 여부를 그에게 **물어 보라**.
②②①
true 이다 if him ask

54. **그들은 그가** 집 에 **있는지** 여부를 **궁금해 한다**.
①②②①
they home at if wonder

55. 만약 **내가** 그것을 **하지 않는다**면, **무슨 일**이 **일어나지**?
①①②②
it 하다–do what happen

56. **넌 그것이** 무엇**인지 궁금하니**?
①②②①
wonder

57. 만약 **네가** 그러기를 **원한다** 면, 그것을 **하라**.
①①②
if to want it do

58. **그것은** 사실인 상태**이다** 〈즉〉 **그가** 아픈 상태 **이다**.
①①②②
true ill

59. **그것이** 사실인 상태**이니** 〈즉〉 **그가** 아픈 상태 **아니다〈는 것이〉**?
①①②②

60. **그는** 아픈 상태**이기** 때문에, **그는** 집 에서 **머문다**.
①①②②
because at stay

61. **너는 누가** 거기 **산다고 생각하니**?
①②②①
*①이 ②에 끼어 들어감.

①　②　②　①
62. **나는** Mr. Song 이 거기 **산다고 생각한다.**

②　②　①　①
63. **그것이** 얼마 **이다고 네 엄마는 생각하시니?**
how much　your mom
*①이 ②에 끼어 들어감.

②　②　①　①
64. 무슨 짓을 **네가** 하는 중**이라**고 **너는 생각하니**? = 너 지금 무슨 짓을 하는지 알기나 해?
what　doing
*①이 ②에 끼어 들어감.

①　②　②　①
65. **나는 내가** 무슨 짓을 하는 중 **인지 알고 있다.** = 잘 알고 있으니, 참견하지마.

①　①　②　②
66. **나는** 사과를 **좋아하지만 그는 그렇지 않아.**
apples　but

①　①　②　②
67. **나는** 사과를 **좋아하지만** 나의 **엄마는 그렇지 않으셔.**
but

①　①　②　②
68. **그는** 그 방안에 **있고 그녀는** 그 방 밖에 **있다.**
and　outside

①　①　②　②
69. **네 사과는** 큰 상태**이지만, 내 것은 그렇지 않다.**
your apple　big　but　mine

①　①　②　②
70. **나는** 이것을 **마음에 들어하는데, 너는** 무엇을 **생각하니?**
like　*넌 어때?

②　②　①
71. **이것들 중 어느 것이** 네 것 **인지** 내〈게〉 **얘기해봐.**
these　of　which　yours　*이다　me　tell

①　　　②　　　②　①
72. **난 이것들 중 어느 것이** 내 것 **인지 모른다.**
mine　know

①　　　②　　　②　①
73. **넌 이것들 중 어느 것이** 네 것 **인지 모르니?**
yours

①　②　　　②　①
74. **난 그녀가** 무슨 종류 의 신발을 **원하는지 안다.**
what kind of shoes want know

①　②　　　②　①
75. **넌 그녀가** 무슨 종류 의 신발을 **원하는지 아니?**

①　②　　　②　①
76. **그는 그녀가** 무슨 종류 의 신발을 **원하는지 안다.**

①　②　　　②　①
77. **그는 그녀가** 무슨 종류 의 신발을 **원하는지 모른다.**

①　②　　　②　①
78. **난 그가** 무엇 처럼 **생겼는지 궁금해.** = 그가 어떻게 생겼는지…
what like 보이다=look wonder

①　②　　　②　①
79. **넌 그가** 무엇 처럼 **생겼는지 궁금하지 않니?**

①　②　　　②　①　③　③
80. **넌 그가** 무엇 처럼 **생겼는지 궁금해 하구나, 너 그렇지 않니?**
= 너는 그가 어떻게 생겼는지 궁금해 하잖아.

①　①　②
81. **그들이** 가까운 친구 **임** 에도 불구하고, **Jessica와 Elizabeth는** 같은 것들을
best friends　even though　the same things

②
항상 **좋아하지는 않는다.**
always like

②　②　①
82. 만약 **네가 원한다면** 그것을 밖으로 **끄집어내라.**
out　pull

①　②　②　①
83. **난 그가** 그 학교를 **맘에 들어 하기를 바래.**
the school　like　hope

①　②　②
84. **걱정 마, 그 시험은** 어려운 상태 **아니다.**
worry　the test　hard

①　②　②　①
85. **난 그 시험이** 어려운 상태 **이라고 생각해.**

①　②　②　①
86. **그녀는 내가** / 어떤 다른 사람 / 보다 / 더 많이 / **먹는다〈는걸〉** / **알고 있다.**
I　anyone else　than　more　eat

①　②　②　①
87. **그녀는 자기가** / 자기반 / 의 / 어떤 다른 사람 / 보다 / 더 키 큰 상태 / **이라고 말한다.**
she　her class　in　than　taller　say

①②　①　②
88. **그는** 여기서 **일하 고 잠잔다.**
here　work　and　sleep

①　②　②　①
89. **그들은 자기들이** / 어디나 / 함께 / 항상 **다닌다고** / **말한다.**
they　they　everywhere　together　always　go　say
*육하원칙이 아님.

①　②　②　①
90. Elizabeth**는 그 비밀이** 무엇**인지 모른다.**
the secret

①　②　②　①
91. **난 그녀가** / 여기 / 에서 / 2마일 떨어진 데에서 / **산다〈는 걸〉** / **알고 있다.**
from　two miles away　live

① ② ② ①
92. 넌 그녀가 / 여기 / 에서 / 얼마나 멀리 떨어진 〈곳에서〉 **사는지** / **알고 있니**?
how far away live

① ② ② ①
93. 우리 반 / **의** / **모든 아이들이** / **그가** 여기 **산다**〈**는 것을**〉 **안다**.
my class in all the kids live

① ② ② ①
94. 그녀는 자기가 어디 **사는지 결코 얘기하지 않는다**.
she where never tell

① ① ② ②
95. 넌 빙글 **돌아서서** 그리고 〈**넌**〉 "shh!" 〈라고〉 **말하는 거야**.
around turn and say

① ① ②
96. 넌 그 신문을 / **접는 거야** / 완전히 / 그리고 / 〈**넌**〉 / 그것을 / 그의 책상 /
the newspaper fold up and his desk

②
위에 / **놓는 거야**.
on put

①
97. 그 **생일선물을** / **위해** / **기다리는 것은** / 파티 자체 /
birthday present for waiting the party itself

①
만큼 / 많은 재미〈에〉 / 가까운 정도 / **이란다**.
as much fun almost as is
= 선물을 기다리는 것은 거의 파티만큼 재미있다. *문장 1개

① ② ② ①
98. 그것은 네가 생각하는 만큼 / 많은 재미 / 정도 / **이란다**. *문장 2개
think as as is

① ① ②
99. 네가 그 가게 에 **도착하** 면, 내게 **전화해라**.
the store to get when me call

① ① ② ②
100. 제가 / 그 가게 / 에 / **도착** / 하자마자, 당신〈에게〉 **내가 전화해야 하나요**?
to get as soon as you should call

Practice 5

5단계 : 「O · X」의 의미, 「과거」 표현법, 그리고 「미래」 등을 표현하는 문장

먼저 「보물지도」를 펴놓고 필요한 문장을 골라 놓은 후 [ ]가 표시된 부분이 O(동작을 함), ×(동작을 안 함), 과거(과거에 동작을 했음), 미래(앞으로 동작을 할 것임) 등을 표현하는 단어들 중 어느 것인지 판단해야 한다.

100개의 영어문장 만들기

1. 너는 아침 중 몇 시에 [일어나니]?
the morning in what time get up

2. 너는 어제 아침 몇 시에 [일어났니]?
yesterday morning

3. 내일 아침 너는 몇 시에 일어나려고 하는 중 [이니]?
tomorrow morning to get up going

4. 그녀는 아침 중 몇 시에 [일어나나요]?

5. 그녀는 어제 아침 몇 시에 [일어났나요]?

6. 그녀는 내일 아침 몇 시에 일어나려고 하는 중 [인가요]?

7. 난 아침에 일찍 [일어나지 않아].
early

8. 난 어제 아침 일찍 [일어나지 않았지].
early

9. 난 내일 아침 그토록 일찍 [일어날 수 없어요].
so can

10. 넌 내일 아침 일찍 [일어나게 될 거야].
will

11. 그가 여기 [있나요]?
here

12. 그가 어디에 [있었죠]?
where

13. 그가 여기에 오늘 저녁〈에〉 [계실까요]?
this evening 있다

14. 난 여기 [있어요].

15. 난 거기 [있었어요].

16. 난 내일 여기 [있을 거예요].
tomorrow here

17. 그녀는 지금 집 에 [있지 않다].
now home at

18. 그녀는 어제 거기 [있지 않았다].

19. 그녀는 내일 거기 [있지 않을 것이다].

20. 누가 그 방 에 [있었죠]?
who the room in

21. 그 시험이 그토록 어려운 상태 [일까요]?
the test so hard

22. 네가 이것을 [만들었니]?
this make

23. 너는 이것을 [만들 수 있니]?
can

24. 난 그것을 [만들 수 없었다].
can–could

25. 너는 네 숙제를 [했니]?
your homework do

26. 네가 그것을 [만들었다]면….
if

27. 네가 그것을 [만들지 않았다]면….
if

28. 그것이 사실인 상태 [이었다]면….
true

29. 그것이 사실인 상태 [아니었다]면….

30. 난 내 숙제를 [할 것이다].
do

31. 난 그가 내일 집에 [있을 것이라]고 [생각한다].
at home think

32. 난 그가 집에 [있다]고 [생각했다].
*있었다

33. 난 그가 집에 [있다]고 [생각하지 않았다].
*있었다

34. 난 그가 집에 [있지 않았다]고 [생각한다].

35. 난 그녀가 어디에 [있을 것이라]고 [생각했니]? *한 문장이 다른 문장에 끼어 들어감.
*will-would

36. 넌 그녀가 어디에 [있었다]고 [생각했니]? *한 문장이 다른 문장에 끼어 들어감.

37. 넌 네가 그것을 [할 수 있을 것이라]고 [생각했니]?
*can-could

38. 넌 그것이 얼마나 오래 [걸릴 것이라]고 [생각하니]? *한 문장이 다른 문장에 끼어 들어감.
how long take

39. 넌 그것이 얼마나 오래 [걸릴 것이라]고 [생각했니]? *한 문장이 다른 문장에 끼어 들어감.
*will-would

40. 난 그것이 그토록 오래 [걸릴 것이라]고 [생각하지 않았다].
so long *will-would

41. 우리는 4시 30분 에 [〈돌아와〉 있을 것이다].
four-thirty at be back

42. 몇 시에 너는 [돌아 올 거니]?
what time you come back

43. 그는 자기가 4시 30분에 [올 것이라]고 [말했니]?
*will-would say

44. 그들은 4시 30분에 [돌아왔다].
come back

45. 난 그 비밀이 무엇 [이었는지] [알아낼 수 없었다].
the secret figure out

46. 넌 그 비밀이 무엇 [이었는지] [알아냈니]?

47. 그것이 무엇 [이었는지] 내게 [말해라].
me tell

48. 그것이 무엇 [이었는지] 그〈에게〉 [말하지 마라].
him

49. 그것이 무엇 [이었는지] 넌 그〈에게〉 [말했니]?
him tell

50. 난 그〈에게〉 그것에 대해 [말하지 않을 것이다].
him about

51. 그녀는 다시 [낄낄 웃었다].
again giggle

52. 그가 그녀 에게 무엇을 [말했니]?
her to what say

53. Amy는 / Jessica / 다음으로 / 그녀의 가장 친한 친구 / [이었다].
after her best friend

54. Amy 다음으로 누가 너의 가장 친한 친구 [이었니]?

55. 그녀는 Jessica가 자기〈에게〉 나중에 [얘기해 줄 거라고] 〈긍정적으로〉 [생각했다].
later will-would tell hope

56. Ron이 그녀 뒤에 [앉아 있었다].
her behind sit

57. 그녀 뒤에 누가 [있었니]?
who

58. 난 그녀 뒤에 누가 [있었는]지 [알고 있었다].
know

59. 넌 그녀 뒤에 누가 [있었는지] [알고 있었니]?

60. 넌 그녀 뒤에 누가 [앉을지] [알고 있었니]?
*will-would sit

61. 그것이 무엇 [이라]고 그 선생님이 [말씀하셨니]? *한 문장이 다른 문장에 끼어 들어감.
it what *이었다 the teacher say

62. 그녀가 무엇 처럼 [보인다]고 그가 [말했니]? = 어떻게 생겼다고.
like look *한 문장이 다른 문장에 끼어 들어감.

63. 넌 내가 그것을 위해 무엇을 [할 수 있을 거라]고 [생각하니]? *한 문장이 다른 문장에 끼
for can-could do think 어 들어감.

64. 넌 그가 왜 거기에 [있었다]고 [생각하니]? *한 문장이 다른 문장에 끼어 들어감.
why there

65. 그 사람 / 의 / 이름이 / 무엇 [이라]고 네가 [말했지]? *한 문장이 다른 문장에 끼어 들어감.
the man of the name *이었다

66. 누가 그 방에 [있을 거라]고 네가 [말했지]? *한 문장이 다른 문장에 끼어 들어감.
who will-would

67. 언제 자기가 [〈돌아와〉 있을 거라]고 그녀가 [말했지]? *한 문장이 다른 문장에 끼어 들어감.
will-would be back

68. 그녀는 자기가 곧 [〈돌아와〉 있을 거라]고 [말하지 않았니]?
soon

69. 그가 거기 [가지 않았다]고 왜 그녀는 [생각하고 있니]?
there why

70. 거기서 네가 뭘 [보았다]고 네가 [그랬지]? *한 문장이 다른 문장에 끼어 들어감.
there see say

71. 그녀가 [물었다], "너 이거 [맘에 드니]?"
ask this like

72. 그녀가 그〈에게〉 [말했다], "하지만 난 그게 [맘에 든단 말이야]."
him tell but

73. 그녀는 자기가 그것을 [맘에 들어 한다]고 그〈에게〉 [말했니]?
liked = enjoyed tell
*그때 마음에 들었다면 과거! 평소에 좋아하는 것이라면 과거가 아님!

74. 그녀는 자기가 그것을 [맘에 들어 한다]고 언제 그〈에게〉 [말했니]?
liked = enjoyed
*그때 마음에 들었다면 과거! 평소에 좋아하는 것이라면 과거가 아님!

75. 그것이 아름다운 상태 [이다]고 넌 [생각하지 않니]?
beautiful

76. 그것이 얼마나 아름다운 상태 [이다]고 넌 [생각했니]? *한 문장이 다른 문장에 끼어 들어감.
how beautiful *이었다

77. 결국, 그것은 금요일이 [되었다].
At last it Friday =이었다

78. 그녀가 [물었다], "네가 내 파트너가 [되어 줄래]?"
되다–be

79. 그녀는 그가 그녀의 파트너가 [되 줄 것인지] 여부를 그〈에게〉 [물었다].
will–would be if

80. 그녀가 [미소지었을] 때, 거기엔 초콜릿이 [있었다] 그녀의 이빨 사이에.
smile when there chocolate her teeth between
= 그녀가 웃자, 이빨 사이에 낀 초콜릿이 보였다.

81. 그들은 학교 후 화요일들 에 현대무용 강습 에 [다녔다].
school after Tuesdays on modern dance classes to go

82. 난 그들이 화요일들 에 현대무용강습에 〈그때 당시〉 [다니는]것을 [알고 있었다].
on know

83. 난 오늘 오후 그들이 거기에 [갈 것이]라고 [생각하지 않아].
this afternoon

84. 그가 나를 [보았을] 때 그는 [건너왔다].
me see when come over

85. 그들이 나를 [보았는] 지 또는 안 〈그랬는지〉 난 [모른다].
me see if or not

86. Elizabeth는 자기의 흔들거리는 이 에 자기가 [손가락질 하] 면서 [웃었다].
her loose tooth at she point as laugh
*as는 육하원칙이다. 그러므로 문장이 2개이다.

87. 자기의 흔들거리는 이에 자기가 [손가락질 하] 면서 그녀가 뭐라고 [말했니]?
as

88. 그녀는 자기가 그것을 [보] 면서 [웃었다].
she she it see as laugh

89. 그녀가 그〈에게〉 [물었다], "그게 좋은 상태 [이니]?"
him ask that good

90. 그녀는 그것이 그를 위한 것 [인] 지 또는 아닌지 [물어 보았다].
him for whether or not

91. 난 그들이 그것을 [맘에 들어 한다]는 것을 [보고 알 수 있었다].
they like 보고 알다-see

92. 넌 그가 그것을 얼마나 [맘에 들어 하는]지 [보았니]?
how much see

93. 난 그들이 그 방 에서 무엇을 [보았는]지 [알고 있다].
the room in

94. 그들은 내가 그 방에서 무엇을 [보았는]지 [모르고 있다].

95. 그가 [물었다], "너 나를 [도와 줄거니]?"

96. 그는 내가 자기를 [도와줄 수 있는] 지 또는 없는지를 나〈에게〉 [물었다].
him help if or not me

97. 그녀는 다시 [낄낄 웃었다] 그러나 재빨리 그녀는 그녀의 손 으로 자기의 입을 [막았다].
again giggle quickly her hands with her mouth cover

98. 그녀가 그녀의 여자 형제 〈에게〉 [물었다],
her sister
"어느 것을 우리가 먼저 [열어보는 게 좋겠니]?"
which one we first should open

99. 그녀가 그〈에게〉 [말했다], "그걸 [열어] 서 [봐라]!"
him tell it open and see

100. 그것은 / 한 귀여운 햄스터 / 의 / 그림을 / 그것 / 위에 / 갖고 있는 /
a cute hamster of a picture with
한 노트북 / [이었다]. *이 경우 영어에서는 꼭 on it을 붙인다.
a note book

Practice 6 6단계 :「동작변신」이 있는 문장

지금부터는 초보자들이 직접 영어 어순을 잡기가 쉽지 않기 때문에 각 문장마다 영어 어순 힌트를 표기했다. 그러나 어순을 잘 잡는 학생은 그 힌트를 보려고 하지 마라.

영어식 동작변신이 있는 문장은 우리말식 동작변신이 있는 문장과 그 표현하는 방식이 매우 다르므로 우리말은 우리말식의 표현을 썼고, 어순 힌트에서는 영어식의 표현법을 사용했다.

또한 동작변신 중 to-를 쓸지, -ing를 쓸지 잘 판단해야 할 것이다. 동작변신이 있는 부분은 [ ] 표시를 해두었다.

물론 「보물지도」에서 필요한 문장을 스스로 찾아야 하는 것은 더 이상 강조하지 않아도 다 알 것이다(※여러분이 만든 문장이 해답과 일치하지 않더라도 그 나름대로의 논리만 맞으면 그 문장이 틀렸다고 할 수 없다).

100개의 영어문장 만들기

1. 넌 내일 어디 가고 싶니?
어순: 어디로 넌 원하니 / 〈앞으로〉[갈 것을] / 내일?

2. 난 네 집에 가고 싶어.
어순: 난 / 원한다 / 〈앞으로〉[갈 것을] / 에 / 네 집.

3. 네가 어디 가고 싶어했지?
어순: 어디로 네가 원했지 / 〈그 다음〉[갈 것을]?

4. 그녀는 거기에 가고 싶어하지 않았어.
어순: 그녀는 / 원하지 않았다 / 〈그 다음〉[갈 것을] / 거기.

5. 너 여기 있고 싶니?
어순: 넌 원하니 / 〈앞으로〉[있을 것을] / 여기?

6. 그가 여기 있고 싶어 했니?
어순: 그가 원했니 / 〈그 다음〉[있을 것을] / 여기?

7. 그는 학교에 가고 있었다.
어순: 그는 / 이었다 / [가는 중] / 에 / 학교.

8. 난 학교에 가려고 하는 중이었다.
어순: 나는 / 이었다 / [하는 중] / 〈그 다음〉[가려고] / 에 / 학교.
go

9. 난 내일 이맘때쯤 학교에 가고 있을 것이다.
어순: 난 / 일꺼다 / [가는 중] / 에 / 학교 / 에 / 이맘때 / 내일.
at this time

10. 그녀는 학교에 가고 싶어하지 않는다.
어순: 그녀는 / 원하지 않는다 / 〈앞으로〉[갈 것을] / 에 / 학교.

11. 난 그녀가 지금 어디 있는지 알고 싶다.
어순: 난 / 원한다 / 〈앞으로〉[알 것을] // 어디 그녀가 / 있는지 / 지금.
where

12. 넌 지금 그녀가 학교에 가고 있다고 생각해?
어순: 넌 생각하니 // 그녀가 / 이다고 / [가는 중] / 에 학교 / 지금?

13. 나는 그가 어디 있는지 알고 싶지 않았어.
어순: 나는 / 원하지 않았다 / 〈그 다음〉[알 것을] // 어디 그가 / 있었는지.
where

14. 난 그녀가 자기 생일을 위해 뭘 원하는지 알고 싶어.
어순: 난 / 원한다 / 〈앞으로〉[알 것을] // 무엇을 그녀가 / 원하는지 /
위해 / 그녀의 생일.
her birthday

15. 그녀가 자기 생일을 위해 무엇을 원하는지 그가 알고 있니? *동작변신이 없음.
어순: 그가 아니 // 무엇을 / 그녀가 / 원하는지 / 위해 / 그녀의 생일?

16. 그녀는 자기가 왜 거기 머물기를 싫어했는지 말하려 하지 않았다.
어순: 그녀는 / 원하지 않았다 / 〈그 다음〉[말할 것을] //
왜 그녀가 / 원하지 않았는지 / 〈그 다음〉[있을 것을] / 거기에.

17. 난 그녀를 위해 선물을 사려고 길 건너 가게에 가고 있다.
어순: 난 / 이다 / [가는 중] / 에 / 한 가게 / 건너의 / 그 길 /
store street
〈앞으로〉[사려고] / 선물을 / 위해 / 그녀.
buy a gift

18. 난 그 애가 누구와 있고 싶어하는지 알고 있었다.
어순: 난 / 알고 있었다 // 누구 / 그 애가 / 원했는지 / 〈그 다음에〉[있기를] / 와.
who〈m〉 the boy with

19. 넌 내가 왜 이걸 골랐는지 알고 싶지 않니?
어순: 넌 원하지 않니 / 〈앞으로〉[알 것을] // 왜 / 내가 / 골랐는지 / 이것을?
pick

20. 난 그녀가 언제 거기 가는 지 알고 싶어.
어순: 난 / 원한다 / 〈앞으로〉[알 것을] // 언제 그녀가 / 가는지 / 거기.

21. 그녀는 뭔가 좋은 일이 곧 일어날 것이라는 느낌을 갖고 있었다.
어순: 그녀는 / 가졌다 / 어떤[느낌을] // 즉 뭔가 / 좋은 상태〈인 것이〉 /
have feel that something good
이었다〈는 걸〉 / 참 / 〈그 다음〉[발생할].
about happen

22. 벌써 일어날 시간이 됐니?
어순: 이니 / 그것이 / 벌써 시간 / 〈앞으로〉[일어날]?
already time get up

23. 쌍둥이라는 건 참 재밌는 일이었다.
어순: [인 것]은 / 쌍둥이 / 이었다 / 재미.
be twins fun

24. 난 그녀가 무슨 말을 하려고 했었는지를 알고 있었다.
어순: 난 / 알고 있었다 // 무엇을 / 그녀가 / 이었는지 / [하는 중] /
go
〈그 다음〉[말하려고].
say

25. 난 그녀가 무슨 생각을 하고 있었는지 추측할 수 있었다.
어순: 난 / 이야기 할 수 있었다 // 무엇을 / 그녀가 / 이었는지 / [생각하는 중].
추측하다-tell think

26. 넌 그것을 할 수 있어.
어순: 너는 / 할 수 있다 / 그것을.
do

27. 넌 언젠가 그것을 해낼 수 있을 거야.
어순: 너는 / 일 것이다 / 가능한 상태 / 〈앞으로〉[할 것을] / 그것을 / 언젠가.
able do someday

28. 그녀는 자기 노란 운동복을 찾고 있었다.
어순: 그녀는 / 이었다 / [두리번거리는 중] / 위해 / 그녀의 노란 땀복.
look yellow sweat shirt

29. 너 뭘 찾고 있었니?
어순: 무엇을 이었니 / 넌 / [두리번거리는 중] / 위해

30. 난 그녀가 너를 찾고 있었다고 생각해.
어순: 나는 / 생각한다 // 그녀가 / 이었다고 / [두리번거리는 중] / 위해 / 너.

31. 그녀는 머리카락을 뒤로 넘겨 핀을 꽂으며 거울 앞에 섰다.
어순: 그녀는 / 섰다 / 속 / 앞 / 의 / 그 거울 / [핀 꽂으며] / 그녀의
stand in front pin
머리카락을 / 뒤로. *그녀가 거울 앞에 서서 머리에 핀 꽂고 있는 모습을 상상해 보아라.
hair back

32. 한 무리의 여자애들이 교실 밖에서 서성거리고 있었다.
어순: 한 무리가 / 의 / 여자애들 /이었다 / [서있는 중] / 밖에서 / 그 교실.
a group girls stand outside classroom

33. 그녀는 그들과 함께 하고 싶었지만 그럴 수 없었다.
어순: 그녀는 / 원했다 / 〈그 다음〉[함께 할 것을] / 와 / 그들, 그러나 그녀는 /
join in with
그럴 수 없었다.

34. 그녀는 항상 그를 놀리기를 좋아한다.
어순: 그녀는 / 항상 원한다 / 〈앞으로〉[놀릴 것을] / 그를.
always love tease
*to tease, teasing 두 가지 다 씀. 단 to tease인 경우에는 만나기만 하면 **앞으로** 놀리고 싶어하는 그녀의 표정을 생각해 보라.

35. 그녀는 자기의 선물이 무엇인지 알게 되는 토요일까지 기다릴 수가 없었다.
어순: 그녀는 / 기다릴 수 없었다 / 까지 / 토요일 / 〈그때〉[알게 될] //
wait until Saturday find out
무엇이 그녀의 선물 / 이었는지.
*「무엇일 것이다」의 의미가 아닌 「무엇이다」의 의미이므로 would be가 아닌 was이다.

36. 그녀가 너에게 무엇을 주려고 했는지 너는 알고 있니?
어순: 너는 아니 // 무엇을 그녀가 / 이었는지 / [하는 중] /
〈그 다음〉[얻게 해주려고] / 〈에게〉너?
get

37. 그녀는 기타가 포함된 두 페이지짜리 생일목록을 준비해 두고 있었다.
어순: 그녀는 / 갖고 있었다 / 한 2 페이지 생일목록을 / [포함하고 있는] /
two-page birthday list include
한 개의 기타.
guitar

38. 너 누구에게 말하고 있었니?
어순: 누구이었니 / 너는 / [말하고 있는 중] / 에게?
who〈m〉 talk to

39. 그녀는 그 자리에 앉으려고 뛰어가고 있었다.
어순: 그녀는 / 이었다 / [뛰어가는 중] / 〈그 다음〉[잡기 위해] / 그 자리.
run take the seat

40. 그가 그것을 집어 들려고 허리를 구부렸을 때, 그의 안경이 떨어졌다.
어순: 때 그가 / 구부렸을〈때〉 / 〈그 다음〉[집기 위해] / 그것을 / 위로,
when bend over pick up
그의 안경이 / 벗겨져 떨어졌다.
his glasses fall off *여기서 off는 「확, 톡」의 의미가 있다.

41. 그 선생님이 지난밤의 숙제를 벌써 검사하기 시작 하셨니?
어순: 그 선생님이 벌써 착수하셨니 / 〈앞으로〉[검사하시려고] /
already begin review
어젯밤의〈학생들이 한〉 숙제를?
last night's homework
*이 경우 begin은 움직이기 시작한다거나 손을 올려놓는다거나 등의 준비를 하는 동작이다.

42. 응, 그녀는 그러기 시작하셨어.
어순: 응, 그녀는 / 착수 하셨다 / 〈그 다음〉[그럴려고].

43. 그녀는 모든 답을 알고 있는 것 같았다.
어순: 그녀는 / 처럼 보였다 / 〈그 다음 물어보면〉[알고 있을 것] / 마다 / 답.
seem know every answer

44. 그녀가 모든 답을 알고 있는 것 같았니?
어순: 그녀가 처럼 보였니 / 〈그 다음 물어보면〉[알고 있을 것] / 마다 / 답?

45. 그녀는 가야 한다.
어순: 그녀는 / 갖고 있다 / 〈앞으로〉[갈 일을].
have

46. 그는 가야만 했다.
어순: 그는 / 갖고 있었다 / 〈그 다음〉[갈 일을].

47. 넌 지금 학교에 가야하니?
어순: 너는 갖고 있니 / 〈앞으로〉[갈 일을] / 에 / 학교 / 지금?
school now

48. 난 학교에 갈 필요가 없다.
어순: 나는 / 갖고 있지 않다 / 〈앞으로〉[갈 일을] / 에 / 학교.

49. 그녀는 그때까지 〈받아본 어떤 것〉보다 〈더 좋은〉 최고의 선물을 받아야만 했다.
어순: 그녀는 / 갖고 있었다 / 〈다음에〉[받을 것을] / 그녀의 최고 선물을 /
get her best present
보다 / 쭉…전까지 / 〈그 때〉.
ever before

50. 난 그가 왜 그곳에 가야만 했는지 알고 싶을 뿐이다.
어순: 나는 / 단지 원한다 / 〈앞으로〉[알 것을] // 왜 그가 / 갖고 있었는지 /
only why
〈그 다음〉[갈 일을] / 그곳에.
there

51. 그것은 그 정도로 재미있을 거야.
어순: 그것은 / 이다 / [하는 중] / 〈앞으로〉[이려고] / 그 정도로 많은 재미.
be so much fun

52. 누가 시시한 여자애들의 파티에 가고 싶어 하겠니?
어순: 누가 원하겠니 / 〈앞으로〉[갈 것을] / 으로 / 일종의 바보 여자애들의 파티?
would(상상) to a dumb girls'party

53. 넌 그 속에 그 공을 넣어야 할거야.
어순: 너는 / 가질 것이다 / 〈앞으로〉[넣을 일을] / 그 공을 / 안에 / 거기.
put the ball in there

54. 그것은 언제 터질지 몰랐다.
어순: 그것은 / 이었다 / [하는 중] / 〈그 다음〉[발생하려고] / 어느 날이든.
go happen any day

55. 그들은 학교버스를 기다리려고 멈추었다.
어순: 그들은 / 멈추었다 / 〈그 다음에〉[기다리려고] / 위해 / 그 학교버스.
stop wait for school bus

56. 그건 특별한 선물이어야 돼.
어순: 그것은 / 갖고 있다 / 〈앞으로〉[일 것을] / 어떤 특별한 선물.
be a special present

57. 그들은 자기들의 생일파티에 무엇을 대접해야 할지를 정확히 알고 있었다.
어순: 그들은 / 알고 있었다 / 정확하게 / [무엇을 〈그 다음〉 대접할지를] / 위해서 /
know exactly serve
그들의 생일파티.
their birthday party

58. 그녀는 고개를 돌리지도 않고 끄덕끄덕 했다.
어순: 그녀는 / 끄덕였다 / 없이 / [돌리는 것] / 그녀의 머리.
nod without turn her head

59. 그는 식탁에 앉아 오렌지 쥬스를 마시기 시작했다.
어순: 그는 / 앉았다 / 에 / 그 테이블 // 그리고〈그는〉 착수했다 /
at start
〈그 다음〉[꿀꺽꿀꺽 마시려고] / 그의 오렌지 쥬스를.
gulp up his orange juice

60. 그녀는 더 이상 책 읽고 싶은 마음이 들지 않았다.
어순: 그녀는 / 기분이 들지 않았다 / 같은〈거〉 / [책 읽는 것] / 더 이상.
feel like read any more

61. 왜 그녀가 그에게는 비밀로 하려고 했지?
어순: 왜 그녀가 시도했니 / 〈그 다음〉[간직하려고] / 비밀을 / 로부터 / 그?
why try keep a secret from

62. 그녀는 고개를 돌려 그녀의 셔츠의 뒷면을 보려고 애쓰고 있었다.
어순: 그녀는 / 이었다 / [시도하는 중] / 〈그 다음〉[보려고] / 그 뒤쪽 / 의 /
see back
그녀의 셔츠 / 의해서 / [비트는 것] / 그녀의 목을.
her shirt by twist her neck

63. 너에게는 얘기해줄 생각이 없어.
어순: 나는 / 아니다 / [하는 중] / 〈앞으로〉[얘기해 주려고] / 〈에게〉너.
tell

64. "Jessica, 떠들지 마" 라고 그가 말했다.
어순: "Jessica!", 그가 / 말했다, "없는 [떠들기] 제발!"
no talk please

65. 그녀는 자기 주위에 사람들이 많은 것을 원했다.
어순: 그녀는 / 원했다 / [갖는 것을] / 무리를 / 의 / 사람들 / 주위에 / 그녀.
like a lot people around

66. 생일선물을 기다린다는 것은 생일파티 자체만큼이나 재미있었다.
어순: [기다린다는 것은] / 위해 / 생일선물들 / 이었다 / 거의 정도 /
wait for birthday presents almost as
많은 재미 / 만큼 / 그 파티 자체.
much fun as the party itself

67. 그녀는 그녀의 생일선물로 그 개와 그 고양이 사이에서 뭘 고를까 고민했다.
어순: 그녀는 / 가졌다 / 한 힘든 시간을 / [고르며] / 사이에 /
hard time choose between
그 개와 그 고양이 / 위한 / 그녀의 생일.
the dog and the cat for

68. 우리는 굶주리고 있다.
어순: 우리는 / 이다 / [굶고 있는 중].
starve

69. 우리는 내일 쇼핑 갈 것이다.
어순: 우리는 / 갈 것이다 / [쇼핑을] / 내일.
*물건 사는 것을

70. 쇼핑을 즐겨라!
어순: 즐겨라 / 너의 [쇼핑을]!
enjoy

71. 그가 언제부터 그 학교에서 일하기 시작했지?

어순: 언제 그가 착수했니 / [일 하려고] / 위해서 / 그 학교?

when start work for the school

72. 기업체에서 근무한다는 것이 어떤 것일까?

어순: 무엇 / 이니 / 그것은 / 같은 것 / 〈혹시 내가 기회가 된다면〉

like

[일해보는 것 말야] / 에서 / 한 회사?

in a company

*여기서 to work의 경우는 꼭 「앞으로」라기 보다 「어느 쪽(-to)을 가리키는 일종의 손짓 · 눈짓 등」을 그대로 표현해 놓은 것이다. 즉, 이 말을 자주 사용하다보면 to(쪽) school과 to work의 동작변신 to는 원래 같은 뿌리를 갖고 있었음을 발견을 하게 될 것이다.

73. 그가 책을 읽는 걸 즐겨 하니?

어순: 그는 즐기니 / [책읽기]를?

enjoy read

74. 그는 공원에 가는 것이 좋겠다는 식의 태도를 취했다.

어순: 그는 / 은근히 좋겠다는 암시를 했다 / [가는 것] / 에 / 그 공원.

suggest park

75. 갑자기 모든 사람이 대화하기를 멈추었다.

어순: 갑자기, 모든 사람이 / 멈추었다 / [대화하는 것을].

suddenly everyone stop talk

76. 그는 자꾸 내 질문에 대한 대답을 피하려고 했다.

어순: 그는 / 노력했다 / 〈다음에〉[피하려고] / [대답하는 것을] / 〈에〉 / 나의 질문.

try avoid answer my question

77. 공휴일이면 나는 아침 일찍 일어나지 않아도 되는 것을 즐겼다.

어순: 때 내가 / 있었을 / 위에 / 휴일, 나는 / 즐겼다 / [갖지 않는 것을] /

when on holiday enjoy

〈앞으로〉 [일어날 것]을 / 일찍.

get up early

78. 그녀는 퇴직하고 싶어하지 않는다, 계속 일하고 싶어한다.

어순: 그녀는 / 원하지 않는다 / 〈앞으로〉[퇴직할 것을],

retire

그녀는 / 원한다 / 〈앞으로〉[수행할 것을] / 계속 / [일하는 것을].

carry on work

79. 왜 그녀가 퇴직하기 싫어하니?
어순: 왜 그녀가 원하지 않니 / 〈앞으로〉[퇴직할 것을]?

80. 왜 그녀가 퇴직하고 싶어 하니?
어순: 왜 그녀가 원하니 / 〈앞으로〉[퇴직할 것을]?

81. 너는 자동차 사는 것을 생각하고 있니?
어순: 이니 / 너는 / [생각하는 중] / 〈여러 가지를〉 / 의 / [사는 것] / 자동차를?
think buy a car

82. 우리는 지각할 것이라고 예상했다.
어순: 우리는 / 예상했다 / 〈다음에〉[일 것을] / 늦은 상태.
expect be late

83. 그들은 건물 앞에 주차하는 것을 허락하지 않는다.
어순: 그들은 / 허락하지 않는다 / [주차하는 것〈자체를〉] / 에 / 앞 / 의 / 그 건물.
allow park in front of the building

84. 왜 그가 결정을 미루고 있니?
어순: 왜 이니 / 그는 / [미루는 중] / 그의 결정을?
why delay his decision

85. 나는〈내가〉 그 결정을 내린 것을 부인했다.
어순: 나는 / 부인했다 / [만든 것을] / 그 결정.
deny make that decision

86. 나는 TV를 너무 많이 보는 걸 싫어한다.
어순: 나는 / 싫어한다 / [보는 것을] / TV를 / 너무 많이.
dislike watch too much

87. 그는 교도소에 가던 중에 탈출했단 말이야.
어순: 그는 / 탈출했다 / [가다가] / 에 / 교도소.
escape go prison

88. 나는 나중에 그 영화를 마저 다 볼 것이다.
어순: 나는 / 끝낼 거다 / [보는 것을] / 그 영화를 / 나중에.
finish watch the movie later

89. 그는 나를 계속 방해한다.
어순: 그는 / 계속 한다 / [방해하기를] / 나를.
keep interrupt

90. 넌 도둑질하는 것이 불법인 줄 몰랐니?
어순: 너는 알고 있지 않았니 // [도둑질하는 것이] / 이다〈는 것을〉 / 불법인 상태?
steal illegal

91. 나는 결혼하기를 간절히 바란다.
어순: 나는 / 눈길을 준다 / 앞쪽으로 / 쭉 / [되는 것] / 결합된 상태.
look forward to get married

92. 우리 엄마의 요리가 그립군.
어순: 나는 / 그리워한다 / [먹는 것을] / 나의 엄마의 [요리한 것을].
miss my mom's cook

93. 〈여러모로 볼 때〉 그것을 나중에 하는 것이 좋다고 난 생각한다.
어순: 나는 / 좋다고 암시한다 / [하는 것을] / 그것을 / 나중에.
suggest do it later

94. 그를 집에 데려다 줄 것을 동의했다.
어순: 나는 / 동의했다 / 〈내 차에서〉[내려 줄 것을] / 그를 / 에 / 집.
agree drop at home

95. 난 한국에 오기로 결심했지.
어순: 나는 / 결정했다 / 〈그 당시 앞으로〉[올 것을] / 으로 / 한국.
decide come Korea

96. 나는 내가 원하는 것을 찾으려 하지 않았지. = 그땐 내가 철이 없었지.
어순: 나는 / 게으름피웠다 / [찾을 것을] 그것을 // 그것을 내가 / 원했잖아.
fail find =what

97. 나는 돈을 모으는 데 성공했다.
어순: 나는 / 성공했다 / 속에서 / [저축하는 것] / 돈을.
succeed save money

98. 나는 자정까지 집에 돌아올 것이라고 약속했다.
어순: 나는 / 약속했다 / 〈돌아 와〉[있을 것을] / 집에 / 까지 자정.
promise be home by midnight

99. 나는 그를 때리겠다고 으름장을 놓았다.

어순: 나는 / …하겠다고 으름장을 놓았다 / 〈그 다음에〉[때릴 것을] / 그를.

threaten hit

100. 난 그것을 먹으려 하지 않았다.

어순: 나는 / 하려 하지 않았다 / 〈그 다음에〉[먹을 것을] / 그것을.

refuse that

Practice 7 7단계 : 「동작」과 「상태」를 잘 구별해야 하는 문장

「~다」로 끝나는 우리말 중에서 그 단어가 움직이는 「동작」으로 느껴지는지 아니면 「상태」 즉 모습이나 모양으로 느껴지는지 관찰해 보라. 우리나라 학생들은 먼저 그 차이를 느낄 수 있도록 연습해야 한다. 그런 후 보물지도를 옆에 놓고 「동작」이면 왼쪽을 보고, 「상태」이면 오른쪽을 본다.

*끝난 상태 앞에 오는 have는 예외적으로 보물지도의 오른쪽에서의 be처럼 행동한다. 즉, 묻는 말에서는 「은・는・이・가」의 앞으로 직접 가고 반대말에서는 not 앞에 바로 온다. 상태가 있는 부분에 [ ] 표시를 해 두었다.

100개의 영어문장 만들기

1. 그거 대단하지 않니?
어순: 이지 않니 / 그것이 / [대단한 상태]?
that great

2. 그것은 대단하지 않아.
어순: 그것은 / 이지 않다 / [대단한 상태].
it

3. 그래, 그거 대단하구나.
어순: 그래, 그것은 / 이다 / [대단한 상태].

4. 그녀는 눈을 크게 떴다.
어순: 그녀는 / 떴다 / 그녀의 눈을 / 크게. *[큰 상태]가 아니고 동작을 크게 한 경우임.
open her eyes wide

5. Jessica는 말이 많고 Elizabeth는 말수가 적다.
어순: Jessica는 / 이다 / [시끄러운 상태] // 그리고 Elizabeth는 / 이다 / [조용한 상태].
noisy and quiet

6. 그가 너의 친한 친구니?
어순: 이니 / 그가 / 너의 [맘에 드는 상태〈인〉] 친구?
your favorite friend

7. 그녀는 다른 아이들보다 더 잘했다.
어순: 그녀는 / 이었다 / [더 나은 상태] / 보다 / 각각 한 명 다른.
better than everyone else

8. Ellen이란 아이가 거기에 갔다.
어순: 한 아이가 / [이름지어진 상태 인] / 〈라고〉 / Ellen / 갔다 / 거기에.
a girl name : 이름짓다 there

9. 그 파티는 토요일로 계획되어 있었다.
어순: 그 파티는 / 이었다 / [계획된 상태] / 위해서 / 토요일.
the party plan : 계획하다 for Saturday

10. 그 파티가 토요일로 계획되어 있지 않았니?
어순: 이지 않았니 / 그 파티가 / [계획된 상태] / 위해 / 토요일?

11. 토요일로 계획되었던 그 파티가 취소 되었다.
어순: 그 파티는, [계획된 상태] / 위해서 / 토요일, 이었다 / [취소된 상태].
=이다 cancel : 취소하다

12. 토요일로 계획되었던 그 파티가 왜 취소되었니?
어순: 왜 이었니 / 그 파티가 / [계획된 상태인] / 위해서 토요일, [취소된 상태]?

13. 그것은 좋은 그런 것이다.
어순: 그것은 / 이다 / 어떤 것 / [좋은 상태].
something good

14. 나는 여기에 너를 위한 뭔가 좋은 것을 갖고 있어.
어순: 나는 / 가지고 있다 / 어떤 것을 / [좋은 상태] / 위한 / 너 / 여기에.
for here

15. 그는 먹을 어떤 것도 갖고 있지 않았다.
어순: 그는 / 갖고 있지 않았다 / 어떤 것도 / 먹을. *상태가 아닌 동작변신
have anything eat

16. 나는 살기에 충분한 돈을 갖고 있지 않다.
어순: 나는 / 갖고 있지 않다 / [충분한 상태] 돈을 / 살기 위한.
enough money live

17. 난 너를 사랑한다.
어순: 나는 / 사랑한다 / 너를. *상태가 아닌 마음이 움직이는 동작임.
love

18. 그 왕자는 그녀와 사랑에 빠졌다.
어순: 그 왕자는 / 빠졌다 / 속에 / 사랑 / 와 / 그녀. *상태가 없음.
the prince fall in love with her

19. 그녀는 아이들이라면 무조건 좋아한다.
어순: 그녀는 / 이다 / [사랑하는 상태]〈모든 것을〉 / 의 / 아이들.
fond of children

20. 그 아이들은 다른 사람으로부터 사랑을 못 받고 있다.
어순: 그 아이들은 / 이지 않다 / [사랑 받는 상태] / 의해서 다른 사람들.
love : 사랑하다 by others

21. 그것은 끔찍했다.
어순: 그것은 / 이었다 / [끔찍한 상태].
terrible

22. 그녀는 끔찍함을 느꼈다.
어순: 그녀는 / 느꼈다 / [끔찍한 상태를].
feel

23. 그것이 끔찍했니?
어순: 이었니 / 그것이 / [끔찍한 상태]?

24. 너는 끔찍함을 느꼈니?
어순: 너는 느꼈니 / [끔찍한 상태를]?

25. 너는 창백해 보이는 구나.
어순: 너는 / 보인다 / [창백한 상태].
look pale

26. 내가 창백하게 보이니?
어순: 내가 보이니 / [창백한 상태]?

27. 그녀는 창백하게 보이지 않아.
어순: 그녀는 / 보이지 않는다 / [창백한 상태].

28. 그녀는 창백해 보이고 싶었다.
어순: 그녀는 / 원했다 / 보일 것을 / [창백한 상태].

29. 왜 그녀는 창백해지고 싶어했니?
어순: 왜 그녀가 원했니 / 일 것을 / [창백한 상태]?
be

30. 그녀는 그 광경에 안색이 창백해졌다.
어순: 그녀는 / 변했다 / [창백한 상태] / 에 / 그 광경.
turn at the sight

31. 그것은 매우 흥미롭다.
어순: 그것은 / 이다 / 매우 흥미를 끄는 중. *동작 변신
interest : 흥미를 끌다

32. 그것이 흥미로웠니?
어순: 이었니 / 그것이 / 매우 흥미를 끄는 중? *동작 변신

33. 난 이제 굉장히 흥미를 느낀다.
어순: 나는 / 느낀다 / [매우 흥미를 느낀 상태] / 지금.
feel *interest를 당한 상태 now

34. 너는 네 생일파티 때문에 굉장히 들떠 있구나, 그렇지 않니?
어순: 너는 / 이다 / [매우 들떠 있는 상태] / 대해 / 너의 생일파티, 그렇지 않니 /
*excite : 들뜨게 하다(동작)를 당한 상태 your birthday
너는 / 〈들떠 있는 상태〉?

35. 나 지금 내 생일파티 때문에 들떠 있어.
어순: 나는 / 이다 / [흥분된 상태] / 대해 / 내 생일파티 / 지금.
*excite : 흥분시키다(동작)를 당한 상태

36. 난 전보다 훨씬 더 많이 영어에 재미있어 한다.
어순: 나는 / 이다 / [재미있어 하는 상태] / 대해 / 영어 / 훨씬 더 / 보다 / 전.
*excite : 재미있게 하다(동작)를 당한 상태 much more

37. 나는 그것에 대해서 점점 더 빠져 들어가고 있는 중이다.
어순: 나는 / 이다 / 되는 중 / 더 그리고 더 / [빠져드는 상태] / 대해서 / 그것.
get more *excite : 빠져들게 하다(동작)를 당한 상태

38. 너는 그것에 대해 푹 빠지게 되었니?
어순: 너는 되었니 / [푹 빠진 상태] / 대해 / 그것?
get *excite : 푹 빠지게 하다(동작)를 당한 상태

39. 난 관심 없어.
어순: 나는 / 아니다 / [관심 있는 상태].
*excite : 관심끌다(동작)를 당한 상태

40. 흥분하지 마라.
어순: 되지 마라 / [흥분된 상태].
get excite를 당한 상태

41. 우리 반 전체가 한 명도 빠짐없이 초대받았다.
어순: 각각은 / 속 / 내 전체 반 / 이었다 / [초대된 상태].
everyone whole invite : 초대하다

42. 네가 저기 있는 저 사람들 모두를 초대했니?
어순: 너가 초대했니 / 모두를 / 의 / 저 사람들 / 넘어 / 저쪽? *과거동작
all them over there

43. 그들 모두가 초대받았니?
어순: 모두가 / 의 / 그들 / 되었니 / [초대된 상태]?
all of them get

44. 난 그를 그 파티에 초대해 놨어.
어순: 나는 / 갖고 있다 / [초대한 상태] / 그를 / 으로 / 그 파티.
to

45. 그들은 지금 여기에 초대받은 거야.
어순: 그들은 / 이다 / [초대된 상태] / 여기 / 지금.

46. 나는 그 파티에 초대받으려고 노력하는 중이다.
어순: 나는 / 이다 / 노력하는 중 / 되기 위해 / [초대받은 상태] / 에 / 그 파티.
try get

47. 너도 그를 그 파티에 초대하고 싶니 역시?
어순: 너는 원하니 / 초대할 것을 / 그를 / 에 / 그 파티/ 역시? *상태가 없음.
too

48. 그가 그 파티에 초대받기를 원하니?
어순: 그가 원하니 / 일 것을 / [초대받은 상태] / 에 / 그 파티?
be

49. 그 파티에 초대받는 것 자체가 큰 사건이다.
어순: 그것은 / 이다 / 큰 사건 / 자체 / (그게 뭔데?) 일 것 / [초대된 상태] /
a big thing itself
로 / 그 파티.

50. 너 혹시 거기에 초대 받아본 적 있니?
어순: 갖고 있니 / 너는 / 혹시 [인 상태를] / [초대된 상태] / 거기에?
ever be

51. 그것은 파랗다.
어순: 그것은 / 이다 / [파란상태].
blue

52. 그는 부자다.
어순: 그는 / 이다 / [부유한 상태].
rich

53. 그것은 아마 파란색 일거야.
어순: 그것은 / 아마 일 것이다 / [파란상태].
*may=might(상상)

54. 그것은 파란색 일리가 없어.
어순: 그것은 / 일 수 없다 / [파란상태].
*can

55. 그것은 파란색임에 틀림없다.
어순: 그것은 / 임에 틀림없다 / [파란상태].
*must

56. 그것은 꼭 파란색이어야 해요.
어순: 그것은 / 갖고 있다 / 일 것을 / [파란상태].

57. 왜 그것이 꼭 파란색이어야 하나요?
어순: 왜 그것이 갖고 있나요 / 일 것을 / [파란상태]?

58. 나는 그 파란 것을 원해.
어순: 나는 / 원한다 / 그 [파란상태인] 것을.
one

59. 그는 뭔가 파란 것을 원해.
어순: 그는 / 원한다 / 어떤 것을 / [파란상태].
something

60. 그것은 파란색이었다.
어순: 그것은 / 이었다 / 한 [파란상태] 색깔.
color

61. 그는 왼손잡이 이다.
어순: 그는 / 이다 / [왼손을 쓰게 된 상태].
*왼손을 쓰게 하다 left-hand

62. 그녀는 재능이 있다.
어순: 그녀는 / 이다 / [재능을 부여받은 상태].
*재능을 부여하다 talent

63. 그들은 세상과 단절된 채로 그 섬에서 살았다.
어순: 그들은 / 살았다 / 에 / 그 섬, [단절된 상태] / 로부터 / 그 세상.
live on island *잘라내다 cut off the world

64. 그는 그 일에 딱 맞는 사람이다.
어순: 그는 / 이다 / [잘려 나간 상태] / 〈의해 / 창조주〉 / 위해서 / 그 일.
*잘라내다 cut out the job

65. 넌 어디에서 태어났니?
어순: 어디에서 이었니 / 너는 / [태어난 상태]?
where *엄마가 탄생을 주다 bear

66. 그가 한국에서 태어났니?
어순: 이었니 / 그가 / [태어난 상태] / 속 / 한국?
in Korea

67. 아니, 그는 한국에서 태어나지 않았어.
어순: 아니, 그는 / 아니었다 / [태어난 상태] / 속 / 한국.

68. 그녀는 지금 벽이 모두 거울로 된 그 거울 앞에 서 있다.
어순: 그녀는 / 이다 / 서 있는 중 / 속 / 앞 / 의 / 그 [벽 크기로 된 상태] 거울 /
in front *벽 크기로 하다 wall-size
지금.

69. 난 너보다 많이 먹지 않아.
어순: 나는 / 먹지 않는다 / 더 많이 / 보다 / 너.
more than

70. 그녀가 너보다 더 많이 먹니?
어순: 그녀가 먹니 / 더 많이 / 보다 / 너?

71. 난 그가 동의할 것이라고 생각하지만, 확실히는 모르겠어.
어순: 나는 / 생각한다 // 그가 / 동의할 것이라고, 그러나 나는 / 아니다 /
agree
[확신하는 상태].
sure

72. 너는 그 숫자에 대해 완전히 확신하니?
어순: 이니 / 너는 / 완전히 [확신하는 상태] / 대해서 / 그 숫자?
quite about the number

73. 그 장군은 적을 이길 수 있다고 확신하지 못했다.
어순: 그 장군은 / 이지 않았다 / [확신하는 상태] // 즉 그가 / 쳐부술 수 있다고 /
the general that defeat
그 적을.
the enemy

74. 그는 오려고 굳게 마음먹고 있다.
어순: 그는 / 이다 / [굳게 마음먹은 상태] / 올 것을.
sure come

75. 나는 그가 올 것이라고 확신한다.
어순: 나는 / 이다 / [확신하는 상태] // 그가 / 올 것이라고.

76. 창을 꼭 닫아라.
어순: 이어라 / [굳게 마음먹은 상태] / 닫을 것을 / 그 유리창을.
sure close

77. 어느 것이 네 차인지 확실히 해두는 게 좋을 것이다.
어순: 너는 / 만드는 게 낫다 / [확실히 해두는 상태]를 // 어느 것이 인지 / 너의 차.
*had better make sure which your car

78. 그는 분명히 성공할 것이다.
어순: 그는 / 분명히 성공할 것이다. *상태 없음.
surely succeed

79. 그녀는 선생님이 다른 곳을 보고 있다는 것을 재차 확인했다. *예를 들면 장난치기 위해서
어순: 그녀는 / 만들었다 / [확실히 하는 상태를] // 그 선생님이 / 이었다〈는 걸〉 /
sure
보시는 중 / 그 다른 쪽.
look the other way

80. 넌 그가 그 방에 없는 것을 확인했니?
어순: 너는 만들었니 / [확신하는 상태]를 // 그가 / 있지 않았다〈는 것을〉 / 속 /
그 방?
the room

81. 그녀는 엉킨 나뭇가지를 통해서 그 하늘을 볼 수 있었다.
어순: 그녀는 / 볼 수 있었다 / 그 하늘을 / 통해서 / 그 [엉켜진 상태] 나뭇가지들.
see the sky through tangle : 엉키게 하다 branches

82. "너무 눅눅해서 나는 여기에 다시는 오고 싶지 않을 꺼야".
어순: "나는 / 원하지 않겠다 / 있을 것을 / 여기 / 다시. 그것은 / 이다 /
would want be again
그토록 [눅눅한 상태]"
so damp

83. 그녀는 그녀의 할머니 집에서 자도록 되어 있었다.
어순: 그녀는 / 이었다 / [예상되어 있는 상태] / 잘 것으로 / 에서 /
*suppose : 예상하다 sleep at
그녀의 할머니 집.
her grandmother's house

84. 몇 시까지 제가 여기 오도록 되어 있나요?

어순: 무슨 시간 이니 / 내가 / [예상되어 있는 상태] / 있을 것을 / 여기?

what time

85. 왕자로 추정되었던 그자는 사실은 거지인 것으로 밝혀졌다.

어순: 그 [추정된 상태] 왕자는 / 〈돌더니 마법처럼 뽕〉 되었다 / 일 것으로 /

*suppose : 추정하다 prince turn out be

한 거지.

a begger

86. 그는 다음에 뭘 해야 할지 난감했다.

어순: 그는 / 이었다 / 완전히 [난감해진 상태] / 대해서 / 무엇을 할지를 / 다음에.

quite *puzzle : 헷갈리게 만들다 what do next

87. 그녀는 어느 방향으로 갈지 난감해 했다.

어순: 그녀는 / 이었다 / [난감해진 상태] / 대해서 / 어느 방향으로 갈지.

puzzle which way go

88. 그녀는 잘 모르겠다는 투로 물었다.

어순: 그녀는 / 물었다 / 속에서 / 일종의 [혼란 된 상태] 목소리.

ask in a puzzle voice

89. Jessica의 입이 딱 벌여졌다.

어순: Jessica의 입이 / 떨어졌다 / 〈그리고〉[열린 상태].

mouth drop open

90. "응, 그럴지도 모르지."라고 그녀는 건성으로 대답했다.

어순: "응, 그럴지도." 그녀는 / 소리 내지 않았다 / 매우 [긍정적인 상태].

well, may be sound very positive

91. 그들 각각은 지퍼가 달린 큰 가방을 갖고 있었다.

어순: 그들은 / 각각 갖고 있었다 / 한 큰 [지퍼 달린 상태인] 가방을.

each large *zipper : 지퍼를 달다 bag

92. 그들은 무용수업에 딱 맞춰 도착했다.

어순: 그들은 / 이었다 / [바로] / 위에 / 시각 / 위해서 / 그들의 무용수업.

right on time for their dance class

*「상태」가 없음

93. 그들은 사람으로 가득 찬 그 방으로 들어갔다.
어순: 그들은 / 갔다 / 안으로 / 그 [사람으로 가득 채워진 상태] 방.
go into *crowd : 사람으로 가득 채우다 room

94. 그녀의 뺨이 빨개지기 시작했다.
어순: 그녀의 뺨들이 / 시작했다 / 변하려고 / [핑크색인 상태].
her cheeks start turn pink

95. 난 그걸 전에는 한번도 본 적이 없다.
어순: 나는 / 가지고 있다 / 결코 [본적 있는 상태]를 / 그걸 / 전에.
never × see it before

96. 아마 그녀는 집에 가고 싶어질까봐 두려워 하는 것 같아.
어순: 아마 / 그녀는 / 이다 / [두려워 하는 상태] // 그녀가 / 될 것이라고 /
maybe afraid be
[집에 가고 싶어하는 상태].
homesick

97. 뭐가 두려워?
어순: 무엇 / 이니 / 너는 / [두려워하는 상태] / 〈결과를〉의?
afraid of

98. 난 어두운 것을 무서워 해.
어순: 나는 / 이다 / [두려워하는 상태] / 〈모든 것을〉 / 의 / 그 어둠.
the dark

99. 그 침대가 젖어 있다.
어순: 그 침대가 / 이다 / [젖어 있는 상태].
wet

100. 너는 〈밤에〉 침대에 오줌 싸니?
어순: 너는 젖게 하니 / 너의 침대를? *상태가 없음.
wet your bed

Practice 8 8단계 : 「상황에 적절한 시간」을 생각해야 되는 문장

우리말에서도 그렇지만 외국어에서 그때그때 상황에 맞게 시간개념을 표현하기란 쉬운 일이 아니므로 '시간'을 생각해야 할 부분에 [ ] 표시를 하였다. 그리고 어순 힌트를 보면 동작변신이나 상태를 어떻게 활용해야 할지도 느낄 수 있을 것이다.

특히 가장 어려운 것은 상상(가정) 그리고 여러 가지 감정을 표현할 때 과학적인 시간보다 한 단계씩 더 과거로 내려가는 이상한 현상인데, 여러분이 이런 경우를 그냥 지나칠 것 같아, 그때그때 [*상상(가정) 또는 감정]이라고 표시해 두었다. 또 이 외에도 한 단계씩 과거로 내려가는 경우가 하나 더 있는데 그것은 다른 문장과의 시간을 일치시키는 경우이다.

참고적으로 시간개념에는 기본적(과학적)으로, 미래(갈 것이다), 지금(가는 중이다), 과거(갔다), 과거의 끝난 상태(갔었다)와 같은 4가지가 있다.

100개의 영어문장 만들기

1. 난 일주일에 5일 학교에 [간다].
어순: 나는 / 다닌다 / 에 / 학교 / 5일들 / 〈에〉 / 일주일.
go to a week

2. 난 어제 학교에 [갔다].
어순: 나는 / 갔다 / 에 / 학교 / 어제.

3. 난 지금 학교에 [가는 중이다].
어순: 나는 / 이다 / 가는 중 / 에 / 학교 / 지금.

4. 난 내일 학교에 [갈 것이다].
어순: 나는 / 갈 것이다 / 에 / 학교 / 내일.

5. 난 곧 학교에 [가려고 하는 중이다].
어순: 나는 / 이다 / 하는 중 / 가려고 / 에 / 학교 / 곧.
*going

6. 난 그 당시에 학교에 [가는 중이었다].
어순: 나는 / 이었다 / 가는 중 / 에 / 학교 / 에 / 그 당시.
at that time

7. 넌 지금 [가도 된다].
*can
어순: 너는 / 갈 수 있다 / 지금.

8. 넌 곧 [갈 수 있을 거야].
*can의 미래가 없으므로
어순: 너는 / 일 것이다 / 할 수 있는 상태 / 갈 것 / 곧.
able go soon

9. 그는 이미 학교에 [가 있다].
어순: 그는 / 갖고 있다 / 가는 동작이 끝난 상태를 / 쪽 / 학교 / 이미.
already

10. 내가 [오기] 전에 그는 [나가 있었다].
*과거 *과거의 과거
어순: 그는 / 갖고 있었다 / 나가 있는 상태를 // 전에 내가 / 오기.
go out before come

11. 너 어제 컴퓨터 게임들을 [했니]?
computer games play

12. 너 내일 또 다시 컴퓨터 게임들을 [할거야]?
again

13. 너 컴퓨터 게임들을 혹시 [해본 적 있니]?
어순: 갖고 있니 / 너는 / 혹시 해본 상태를 / 컴퓨터 게임들을?
ever

14. 난 컴퓨터 게임들을 [한번도 해본 적이 없어].
어순: 나는 / 갖고 있다 / 한번도× 한 상태를 / 컴퓨터 게임들을.
never

15. 난 컴퓨터 게임들을 시간 날 때마다 [한다].
all the time

16. 컴퓨터 게임들은 전 세계적으로 [행해진다].
어순: 컴퓨터 게임들은 / 이다 / 되어지는 상태 / 전체적으로 / 그 세계.
play across

17. 컴퓨터 게임은 오랜 동안 전 세계적으로 [쭉 행해져 왔다].
어순: 컴퓨터 게임들은 / 갖고 있다 / 쭉 인 상태를 / 행해진 상태 / 전체적으로 /
be play across
그 세계 / 동안 / 한 긴 시간.
a long time

18. 그 게임은 더 이상 [인기가 없어].
어순: 그 게임은 / 아니다 / 인기 있는 상태 / 더 이상.
popular anymore

19. 한 시간 동안 컴퓨터 게임을 [한] 후, 난 집에 [갔다].
*과거의 어떤 때 끝낸 상태 *과거
어순: 후에 내가 / 갖고 있었던 후에 / 한 상태를 / 컴퓨터 게임들을 / 동안 / 한 시간,
after had play for an hour
나는 / 갔다 / 집에.
home

20. 난 컴퓨터 게임을 [하지 말았어야 했는데].
*감정(후회)
어순: 나는 / 갖지 않았어야 했을 텐데 / 한 상태를 / 컴퓨터 게임들을.
*shall have : 가져야 할 것이다 *should have : 가졌어야 했을 것이다

21. 그것을 나에게 [보내라].
어순: 보내라 / 그것을 / 에게 / 나.
send me

22. 그가 그것을 네게 [이미 보냈니]?
어순: 갖고 있니 / 그가 / 보낸 상태를 / 그것을 / 에게 / 너 / 이미?
already

23. 그는 그것을 나에게 [아직 보내지 않았다].
어순: 그는 / 갖고 있지 않다 / 보낸 상태를 / 그것을 / 에게 / 나 / 현재.
yet

24. 넌 그것을 가능한 한 빨리 [보내는 게 좋을 것이다].
*감정(강한 충고)
어순: 너는 / 보내는 게 좋을 텐데 / 그것을 / 만큼 / 곧 / 만큼 / 가능한 상태.
should as soon as possible

25. 넌 그것을 가능한 한 빨리 [보냈어야 했어].
*감정(아쉬움)
어순: 너는 / 갖고 있었어야 했을 텐데 / 보낸 상태를 / 그것을 / 만큼 (어느 만큼?) /
should
곧 만큼 (어느 만큼?) / 이만큼 (어느 만큼이냐고?) / 가능한 상태.
as

26. 그녀는 내가 그녀에게 [전화하기] 전에 그것을 여기로 [보내 놓았더군].
어순: 그녀는 / 갖고 있었다 / 보낸 상태를 / 그것을 / 여기로 // 전에 내가 /
*과거의 어떤 때 끝낸 상태
부르기 / 그녀를.
call : 전화하다

27. 그는 그것을 이미 [보내 놓았음에 틀림없어].
어순: 그는 / 갖고 있음에 틀림없다 / 보낸 상태를 / 그것을 / 이미.
must already

28. 그래서, 그것은 그 배로 [보내지고 있는 중임에 틀림없다].
어순: 그래서, 그것은 / 임에 틀림없다 / 인 중 / 보내진 상태 / 위에서 / 그 배.
so must

29. 그래서, 그것이 배로 그 섬으로 [옮겨지고 있는 도중임에 틀림없다.]
어순: 그래서, 그것은 / 있음에 틀림없다 / 위에 / 그 방향 / 쪽 / 그 섬 / 위에서 /
must on the way
한 배.

30. 그것은 거기로 [보내졌었어야 하는데] 그런데, 그것이 지금 여기에 [있단 말야].
*감정(아쉬움)
어순: 그것은 / 갖고 있는 것이 좋았을 텐데 / 인 상태를 / 보내진 상태 / 거기로
should
그러나, 그것은 / 있다 / 여기에 / 지금.

31. 어떤 뱀들은 개구리를 [먹지 않는다].
어순: 어떤 뱀들은 / 먹지 않는다 / 개구리들을.
some snakes frogs

32. 몇 마리의 뱀들이 그 개구리들을 [먹고 있는 중이다].
어순: 몇 마리의 뱀들이 / 이다 / 먹는 중 / 그 개구리들을.
some snakes the frogs

33. 그 뱀이 그 개구리를 [먹었다].
어순: 그 뱀이 / 먹었다 / 그 개구리를.
the snake

34. 난 아이스크림 한 개를 미리 [먹었다].
어순: 나는 / 먹었다 / 한 아이스크림을 / 미리.
an ice-cream earlier

35. 그 뱀은 그 개구리를 [먹을 참 이었다].
어순: 그 뱀은 / 이었다 / 참 / 먹을 / 그 개구리를.
about

36. 난 육류를 [먹지 않는다].
어순: 나는 / 먹지 않는다 / 육류를.
red meat

37. 난 그 고기를 [먹고 싶지 않다].
어순: 나는 / 원하지 않는다 / 먹기를 / 그 육류를.

38. 넌 육류를 [먹어야 한다].
어순: 너는 / 먹어야 한다 / 육류를.
must

39. 넌 육류를 [먹어야만 했다].
어순: 너는 / 갖고 있었다 / 먹을 것을 / 육류를.

40. 그는 뭔가를 [먹고 있는 중임에 틀림없다].
어순: 그는 / 임에 틀림없다 / 먹는 중 / 뭔가를.
must something

41. 내가 그것을 [보았을] 때 난 학교에 [가고 있었단다].
when
어순: 나는 / 이었다 / 가는 중 / 에 / 학교 // 때 내가 / 보았을 / 그것을.

42. 그 가게에 너랑 같이 내가 [가도 되니]?
with can

43. 내가 이것을 [끝낸] 후에 나는 너랑 거기에 [갈 수 있을 것이다].
어순: 나는 / 일 것이다 / 할 수 있는 상태 / 갈 것을 / 거기에 / 와 / 너 //
able
후에 내가 / 끝낸 / 이것을.
finish
*「O · ×」의 상황이므로 will finish가 아니고 그냥 finish이다.

44. 만약 내가 너랑 같이 [간다]면 [괜찮겠니]?
if *감정(부탁)
어순: 그것이 이겠니 / 괜찮은 상태 // 만약 내가 / 간다면 / 와 / 너?
ok

45. 나는 너 없이 거기에 [가지 말았어야 했는데]. 그곳은 그토록 위험한 장소 [였다].
*감정(후회)
어순: 나는 / 갔지 말았어야 했을 텐데 / 간 상태를 / 거기에 / 없이 / 너.
without
그것은 / 이었다 / 그런 곳 / 〈즉〉 한 위험한 장소.
such a dangerous place

46. 만약 내가 너 없이 거기에 [갔었더라면], 난 어려움에 처해 [있었을 거야].
*상상(가정) *상상
어순: 만약 내가 / 가졌다면 / 간 상태를 / 거기에 / 없이 / 너, 나는 / 갖고 있었을 것이다 / 있는 상태를 / 속에 / 어려움.
trouble

47. 너 혼자 거기에 [가야만 했었니]?
어순: 넌 갖고 있었니 / 갈 일을 / 거기에 / 혼자?
alone

48. 우리 이제 [갈까요]? [어떠세요]?
어순: 우리가 갈까요 이젠? 뭐라고 당신은 말하시나요?
*shall : 원래는 신과의 대화. 즉「가는 것이 마땅할까요?」. 그러나 현대적 의미로는 '상대방을 극히 존중하는 표현.'

49. 만약 네가 [안 간다]면 누가 [갈까]?
who
어순: 누가 갈까 // 만약 너가 / 안 그런다면?

50. 제발, [가지 말아라]!
어순: 제발, 가지마라(가지마세요)!
please

51. "너 지금 집에 [있니]?" "아니, 난 [그렇지 않아], 그러나 난 1시간 전엔 집에 [있었지]."
어순: "있니 / 너는 / 집에 / 지금?" // "아니, 나는 / 안 그래, / 그러나, 나는 /
home
있었다 / 에 / 집 / 1시간 전."
at home ago

52. "너 전에 그 섬에 [가본 적 있니]?"
"응, [그래]. 내가 거기에 [있었을] 때 [참 재밌게 보냈어]."
어순: "갖고 있니 / 너는 / 있어 본 적 있는 상태를 / 에 / 그 섬 / 전에?"
be *to
"응, 나는 / 갖고 있어. 나는 / 기쁘게 했다 / 내 자신을 // 때 내가 /
enjoy
있었〈을〉 / 거기."

53. 난 너보다 먼저 거기에 [다녀왔단다].
어순: 나는 / 갖고 있었다 / 있는 상태를 / 거기에 / 전에 / 너.
*과거의 어떤 때(여기서는 네가 갔을 때) 끝낸 상태

54. [그러고 싶지 않다]면 그는 그 파티에 [갈 필요 없어].
어순: 그는 / 갖지 않는다 / 있을 것을 / 에 / 그 파티 // 만약 그가 /
원하지 않는다면 / 그러기를.
to 〈be at the party〉

55. 너가 거기에 [도착하기] 이전에 나는 그 정도로 큰 어려움에 처해 [있었었다].
*과거 *과거의 어떤 때(여기서는 네가 도착했을 때) 끝낸 상태
어순: 나는 / 갖고 있었다 / 있는 상태를 / 속에 / 그 정도로 큰 어려움 //
such big trouble
전에 너가 / 도착하기 / 거기에.
get

56. [행복해라]!
어순: 이어라 / 행복한 상태!

57. 나는 지금보다 [더 이상 행복할 수 없을 것이다].
어순: 나는 / 결코× 일 것이다 / 더 행복한 상태 // 보다 내가 / 인 것 /
never
〈행복한 상태〉 / 지금.

58. 그는 그 일 이후로 오랜 기간 동안 [쭉 행복했다].
어순: 그는 / 갖고 있다 / 인 상태를 / 행복한 상태 / 동안 / 한 오랜 시간 /
이래로 / 그 후.
since then

59. 그 당시 내가 [알고 있던 바]로는 그녀는 [분명히 행복했었었다].
어순: 그녀는 / 갖고 있었음에 틀림없다 / 인 상태를 / 행복한 상태 / 정도 (어느 정도?) /
*must의 과거가 없음 as
한계 (어느 한계?) // 그 정도 / 내가 / 알고 있던〈정도〉 // 그녀가 / 그랬다고.
far as know

60. 너는 내가 [지금] 보다 [더 행복해 질 수 있다]고 생각하니?
어순: 너는 생각하니 // 내가 / 일 수 있을 것이라고 / 더 행복한 상태 //
*상상(간절한 희망)
보다 내가 / 인 것 / 지금?

61. 난 세 시간도 넘게 책 한 권을 [읽어오고 있다].
어순: 나는 / 갖고 있다 / 인 상태를 / 읽는 중 / 한 권의 책을 / 동안 / 넘게 / 세 시간.
read a book for over three hours

62. 나는 그녀가 우리 집에 나를 방문하러 [왔을] 때 세 시간도 넘게 책을 [쭉 읽는 중이었었다].
어순: 나는 / 갖고 있었다 / 인 상태를 / 읽는 중 / 한 책을 / 동안 / 넘는 /
*과거의 어떤 때 끝낸 상태
세 시간 // 때 그녀가 / 왔을 때 / 에 / 나의 집 / 방문하러 / 나를.
*과거

63. "엄마, 제게 책 한 권을 [읽어주실 수 있나요]?"
can
어순: 엄마, 당신은 읽어 줄 수 있나요 / 한 권의 책을 / 에게 / 나?
to

64. 얼마나 오래 그녀가 [책을 읽고 있었었니]?
어순: 얼마나 오래 갖고 있었니 / 그녀가 / 인 상태를 / 읽는 중?
how long *예를 들어 '그가 거기 도착했을 때(과거)'의 상황

65. 그는 지금 [아마 책을 읽고 있을 것이다].
어순: 그는 / 아마 일 것이다 / 읽는 중 / 〈책을〉 / 지금.
*may *might 상상(추측)

66. 그는 그 당시에 [아마 책을 읽는 중이었을 것이다].
*상상(추측)
어순: 그는 / 아마 갖고 있었을 것이다 / 인 상태를 / 읽는 중 / 〈책을〉 에 / 그 당시에.
at that time

67. 나는 그가 그토록 많은 책을 [읽을 수 있었으리라]고 [생각지 않아].
*감정(가능성)
그는 여섯 살 [밖에 되지 않잖아].
어순: 나는 / 생각하지 않아 // 그가 / 가질 수 있었다고 / 읽은 상태를 / 그토록
so
많은 책들을. 그는 / 이잖아 / 단지 6년 나이 먹은 상태.
only old

68. 너가 그러라고 [충고하지 않았었다]면 난 그토록 많은 책을 [읽지 않았을 거야].
*가정 *상상
어순: 나는 / 갖지 않았을 것이다 / 읽은 상태를 / 그토록 많은 책들을 //
만약에 너가 / 갖지 않았다면 / 충고한 상태를 / 〈에게〉나 / 그러라고.
if advise to〈read〉

69. 너는 [할 수 있는] 한 많은 책을 [읽어야 해].
어순: 너는 / 읽어야 한다 / 만큼 / 많은 책들 // 만큼 / 너가 / 할 수 있는.
must as as can〈read〉

70. 넌 [할 수 있는 한] 많은 책을 [읽었어야 했어].
*감정(가능성) *감정(후회)
어순: 너는 / 가졌어야 했을 텐데 / 읽은 상태를 / 만큼 / 많은 책들 //
should
만큼 너가 / 그럴 수 있었던〈읽은 상태〉.
could have

71. 난 어제 내 친구들 중 한 명으로부터 그 동물에 대해 [얘기 들었지].
어순: 나는 / 들었다 / 〈모든 것을〉 / 의 / 그 동물 / 로부터 / 한사람 / 의 /
hear the animal one
나의 친구들 / 어제. *「듣는 동작」을 했지.
my friends

72. 난 〈다행히〉 그 인터뷰에 [늦지 않게 그것을 들은 거야].
어순: 나는 / 갖고 있다 / 들은 상태를 / 대해서 / 그것, 딱맞게 / 시간 / 위한 /
hear about just in time for
그 인터뷰.
the interview

73. 너 그 배에 대해서 어디서 [들었지]? = 들은 동작을 어디서 했지?
어순: 어디서 너는 들었니 / 대해 / 그 배.

74. "너 [아직 못 들었니]? 그가 여기로 [오려고 하는 중이란 말야]."
어순: "가지고 있지 않니 / 너는 / 들은 상태를? 그가 / 이다 / 오려고 하는 중 /
coming
여기로."

75. "아니, [아직 못 들었는데]. 그가 왜 여기 [오려고 하지]?"
어순: "아니, 나는 / 가지고 있지 않다. 왜 이니 / 그가 / 오려고 하는 중 / 여기?"
why

76. 그가 [오려고 했다]는 사실은 이 지역에 다 [알려져 있는 상태]야.
어순: 그것은 / 갖고 있다 / 인 상태를 / 들려진 상태, 쫙 여기, 즉 그가 /
all around here that
이었다는 것 / 하는 중 / 오려고.
going

77. 그녀가 그것을 [들었을] 때 그녀는 어찌 해야 할지 [몰랐다].
어순: 그녀는 / 몰랐다 / 무엇을 할지를 // 때 그녀가 / 들었을 때 / 대해서 / 그것.
when *과거동작

78. 그녀는 자기가 그것에 대해 [들었을] 때 그것이 무엇을 [의미하는지] [알고 있었음에 틀림없다].
*강한 추측
어순: 그녀는 / 가지고 있었음에 틀림없었다 / 알고 있는 상태를 // 무엇을 그것이 /
*must의 과거가 없음.
의미했는지를 // 때 그녀가 / 들었을 때 / 대해서 / 그것.
mean when *과거동작

79. 네가 그것에 대해 [들은] 즉시 왜 나에게 [이야기 해주지 않았니]?

어순: 왜 너는 얘기하지 않았니 / 〈에게〉 / 나 / 그것을 / 만큼 / 곧 // 그 즉시

why tell *과거동작 the thing as soon as

네가 / 들었던 / 대해서 / 그것?

*과거동작

80. 너 내말 [들리니]?

어순: 너 들리니 / 〈목소리를〉 / 〈의〉 / 나?

hear

81. 넌 네가 밤에 거기 혼자 [갈 수 있다]고 [생각하니]?

어순: 너는 생각하니 // 너가 / 갈 수 있다고 / 그곳에 / 혼자 / 에 / 밤?

alone night

82. 나를 위해 거기 [가줄 수 있니]?

*가능성(부탁)

어순: 너는 가줄 수 있니 / 그곳에 / 위해 / 나?

83. 내가 너 [라]면, 난 혼자 [안 갈 텐데].

*가정 *상상(강한 의지)

어순: 만약 내가 / 이었다면 / 너, 나는 / 가지 않겠다 / 혼자.

if *were=was

84. 만약 내가 너 [이었으]면, 나도 거기 [안 갔었을 거야].

*가정(과거인데 더 과거) *상상(강한 의지)

어순: 만약 내가 / 갖고 있다면 / 인 상태를 / 너, 나는 / 갖지 않았을 거다 /

간 상태를 / 그곳에 / 역시.

either

85. 만약 내가 네 입장에 [있다]면 난 [가겠다].

*가정 *상상(의지)

어순: 만약 내가 / 있었다면 / 속에 / 너의 신발, 나는 / 가겠다.

in your shoes

86. 만약 그녀가 우리 학교에 혹시〈그럴 리가 없지만〉 [오려고 한다]면
*가정
그것은 전 세계에서 그 최대의 사건 [일텐데].
*상상
어순: 만약 그녀가 / 이었다면 / 〈오려는 중〉 / 쪽으로 / 우리 학교,
if
그것은 / 이었을텐데 / 그 최대의 사건 / 속 / 그 전 세계.
that the best thing whole world

87. 만약 그녀가 학교에 다시 [온다]면, 난 그녀를 [환영할거야].
어순: 만약 그녀가 / 온다면 / 으로 / 학교 / 다시, 나는 / 환영할거다 / 그녀를.
again welcome

88. 난 언젠가 작가가 [될 수 있]기를 [간절히 희망한다].
*가능성(간절한)
어순: 나는 / 간절히 희망한다 // 내가 / 일 수 있기를 / 한 작가 / 언젠가는.
wish a writer someday

89. 그녀는 그가 자기의 이야기들 중 1개를 [읽어주었기]를 [간절히 기원했다].
*가능성(간절함)
어순: 그녀는 / 간절히 바랬다 // 그가 / 가졌기를 / 읽은 상태를 / 1개 / 의 /
wish
그녀의 이야기들.
stories

90. 그녀는 학교가 친구들과 속닥거리기 위해 그리고 쉬는 시간에 놀기 위해 [만들어졌다]고 [믿고 있었다].
어순: 그녀는 / 믿었다 // 학교가 / 이었다고 / 만들어진 상태 / 위해서 /
believe make for
속닥거리는 것 / 와 / 친구들 // 그리고 〈학교가 / 이었다 / 만들어진 상태〉
whisper with and
위해서 / 노는 것 / 동안 / 쉬는 시간.
play during recess

91. Jessica는 그녀의 가장 좋아하는 수업은 점심시간 [이라]고 [농담했다].
*시간의 일치
어순: Jessica는 / 농담했다 // 즉 그녀의 가장 좋아하는 수업이 / 이었다고 / 점심시간.
joke that her favorite class lunch

92. "난 내가 [잠들게 될 것이]라고 [생각하지 않았지]만 난 [그렇게 되었지]." 〈라고〉 그녀가
*시간의 일치
[말했다].
어순: "나는 / 생각하지 않았다 // 내가 / 떨어질 것이라고 / 잠든 상태로 //
fall asleep
그러나 나는 / 그랬다." 〈라고〉 그녀가 / 말했다.
do

93. 그는 그녀가 우리 반을 가끔씩 [방문해도 될 지]를 [물었다].
*시간의 일치
어순: 그는 / 물었다 // 만약 그녀가 / 와서 방문할 수 있는지 / 우리 교실을 /
ask if come visit(와서 방문하다) our class
가끔.
sometimes

94. 그는 그의 자전거를 타고 학교에 [가고 있었다].
어순: 그는 / 이었다 / 가는 중 / 쪽으로 / 학교 / 위에서 / 그의 자전거.
school on his bicycle

95. 그는 학교로 그의 자전거를 [타고 갔다]. = 타고 다녔다.
어순: 그는 / 타고 갔다 / 그의 자전거를 / 쪽으로 / 학교.
ride

96. Jenifer는 오늘 저녁 그녀의 집에서 파티를 [열려고 한다].
어순: Jenifer는 / 이다 / 가지려고 하는 중 / 한 파티를 / 에서 / 그녀의 집 /
home
오늘 저녁.
this

97. 그는 눈을 [한번도 본 적이 없다].
어순: 그는 / 갖고 있다 / 결코× 본 상태를 / 눈을.
never see snow

98. 그는 지난주까지 눈을 [한번도 본 적이 없었다].
*과거 *과거의 어떤 때(여기서는 until) 보는 동작을 끝낸 상태
어순: 그는 / 갖고 있었다 / 한번도× 본 상태를 / 눈을 / 까지 / 지난 주.
never until last week

99. 그 남자애들이 점심식사자리에 〈있었던〉 그녀를 [놀렸었을] 때

*과거의 어떤 때(여기서는 「remembered」) 놀리는 동작을 끝낸 상태

난 Lila가 얼마나 [화가 났었었는] 지를 [생각해 냈다].

*과거의 어떤 때(여기서도 「remembered」) 이미 된 상태 *과거

어순: 나는 / 떠올렸다 // 얼마나 화난 상태로 / Lila가 / 가졌는지 / 된 상태를 //
remember how angry become

때 그 남자애들이 / 가졌을 때 / 놀린 상태를 / 그녀를 / 에 〈있던〉 /
when tease at

점심식사자리.
lunch

100. 내가 어제 밤 그를 [보았을] 때 그는 많은 양의 돈을 [이미 다 써버린 상태이었었다].

*과거 *과거의 어떤 때(여기서는 saw) 쓰는 동작을 끝낸 상태

어순: 그는 / 갖고 있었다 / 써 버린 상태를 / 많은 양을 / 의 / 돈 / 이미 //
spend a lot of

때 내가 / 보았을 / 그를 / 어젯밤.
when last night

Practice 9 9단계 : 두 개의 가장 작은 문장들이 1개로 합쳐진 문장

*어떤 경우에 문장 2개를 1개로 합쳐야 할지, 어떤 경우에 문장 2개를 1개로 합칠 수 없을지를 생각해 보라. 그리고 을 · 를(은 · 는 · 이 · 가) 다음에 [to~]가 올지, [~ing]이 올지, [to~ 또는 ~ing을 뺀 것]이 올지, [원래부터 상태]가 올지 또는 [어떤 동작을 당한 상태]가 올지를 잘 생각해 보라.

100개의 영어문장 만들기

1. 나는 그들이 늦을 것이라고 예상했다.
어순: 난 / 예상했다 / 그들을(이) / 일 것을 / 늦는 상태.
expect them late

2. 너는 그들이 늦을 것이라고 예상하니?
어순: 넌 예상하니 / 그들을(이) / 일 것을 / 늦는 상태?

3. 그녀는 그가 그토록 늦을 것이라고 예상하지 않았다.
어순: 그녀는 / 예상하지 않았다 / 그를(가) / 일 것을 / 그토록 늦는 상태.
him so

4. 그는 어떤 누구도 그 배에 대해 알기를 원하지 않는다.
어순: 그는 / 원하지 않는다 / 어느 누구를(가) / 알 것을 / 대해 / 그 배.
anyone the ship

5. 너는 그들이 여기서 살기를 원하니?
어순: 너는 원하니 / 그들을(이) / 살 것을 / 여기서.
them

6. 그가 여기서 사는 것을 어떤 누구도 원하지 않는다.
어순: 없는 사람이 / 원한다 / 그를(가) / 살 것을 / 여기서.
no one him

7. 그녀는 내가 거기에 가주기를 원하니?
어순: 그녀는 원하니 / 나를(가) / 갈 것을 / 거기?
me

8. 너는 내가 이 테이블을 옮기는 것을 도와줄 수 있니?
어순: 너는 도와줄 수 있니 / 나를(가) / 옮기는 것을 / 이 테이블을?
me move
*help : …를(가) …것을 돕다.

9. 너는 내가 이 테이블을 옮기는 것을 그녀가 도와줄 수 있다고 생각하니?
어순: 너는 생각하니 // 그녀가 / 도와줄 수 있다고 / 나를(가) / 옮기는 것을 / 이 테이블을?
*help : …를(가) …것을 돕다.

10. 그들은 사람들이 그 건물 앞에 주차하려는 것을 가만 두지 않는다.
어순: 그들은 / 허락하지 않는다 / 사람들을(이) / 주차할 것을 / 에 / 앞 / 의 /
allow people park in front of
그 건물.
the building

11. 그는 나에게 그 스위치를 만지지 말라고 경고했다.
어순: 그는 / 경고했다 / 〈에게〉 나(가) / 만지지 말 것을 / 그 스위치를.
warn me touch the switch

12. 네가 그의 충고를 구하는 게 좋겠다고 그녀가 살짝 가르쳐 주더라.
어순: 그녀는 / 살짝 가르쳐 주었다 // 즉 너가 / 구하는 게 좋겠다고 / 그의 조언을.
suggest that should ask his advice

13. 그녀는 나에게 네 충고를 구하라고 일러주었다.
어순: 그녀는 / 말했다 / 〈에게〉나(가) / 구할 것을 / 네 충고.
tell me ask

14. 〈내가 깜빡할 지도 모르니까〉 내일 나보고 그에게 전화하라고 네가 일깨워 줄 수 있니?
어순: 넌 일깨워 줄 수 있니 / 나를(가) / 전화할 것을 / 〈에게〉 그(를) / 내일?
remind phone him

15. 내일 그가 병원에 가는 걸 잊지 않도록 해줘.
어순: 일깨워라 / 그를(가) / 가서 볼 것을 / 의사를 / 내일.
remind him go see a doctor

16. 네가 운전하도록 누가 가르쳐 주었니?
어순: <u>누가</u> 가르쳐 주었니 / 너를(가) / 〈그 다음에〉 운전하도록?
teach drive

17. 우리 아빠가 내가 그렇게 하도록(=운전하도록) 가르쳐 주셨지.
어순: 우리 아빠가 / 가르쳐 주셨지 / 나를(가) / 그렇게 하도록.
my dad to 〈drive〉

18. 난 내 자신의 힘으로 그것을 옮기진 않았어, 나를 도와 줄 사람을 얻었지.
어순: 난 / 옮기지 않았어 / 그것을 / 으로 / 내 자신〈의 힘〉,
move it by myself
난 / 얻었지 / 누군가를(가) / 〈그 다음에〉 돕도록 / 나를.
get someone help

19. 그는 나보고 혼자 거기 가라고 했다.
어순: 그는 / 시켰다 / 나를(가) / 갈 것을 / 거기 / 혼자.
order alone

20. 누가 그로 하여금 그의 조국을 떠나도록 강요했지?
어순: <u>누가</u> 강요했니 / 그를(가) / 떠날 것을 / 그의 나라를?
force leave his country

21. 난 그녀가 거기서 놀고 있는 것을 보았어요.
어순: 난 / 보았어요 / 그녀를(가) / 놀고 있는 중〈인 것을〉 / 거기서.
see play

22. 나는 kate가 버스를 기다리는 중〈인 것을〉 보았다.
어순: 난 / 보았다 / kate를(가) / 기다리는 중〈인 것을〉 / 위해 / 한 버스.

23. 나는 거기서 뭔가를 하고 있는 그를 발견했다.
어순: 난 / 발견했다 / 그를(가) / 하고 있는 중〈인 것을〉 / 뭔가 / 거기서.
find him do something

24. 노래하고 있는 새들에게 귀를 기울여 보라.
어순: 귀를 기울여 보라 / 에게 / 그 새들(이) / 노래하는 중.
listen to the birds sing

25. 뭔가 타는 냄새나지 않니?
어순: 넌 냄새 맡을 수 있니 / 뭔가를(가) / 타는 중?
smell something burn

26. 난 내 방에서 내 편지를 읽고 있는 Sue를 발견했다.
어순: 난 / 발견했다 / Sue를(가) / 에서 / 내 방 / 읽는 중〈인 것을〉 / 내 편지를.
find in my room read my letter

27. 난 네가 이렇게 비 맞고 서있도록 놔두지 않을 거야.
어순: 난 / 갖지 않을 거야 / 너를(가) / 서있는 중〈인 것을〉 / 속에서 / 이 비.
have stand in this rain

28. 〈잠자고 일어난 후〉 그녀는 엉킨 머리를 손질하고 있었다.
어순: 그녀는 / 이었다 / 노력하는 중 / 되게 하려고 / 엉킨 것을(이) / 밖으로 / 의 /
try get a knot out
그녀의 머리카락.

29. Elizabeth는 그녀의 볼이 화끈거리는 것을 느꼈다.
어순: Elizabeth는 / 느꼈다 / 그녀의 볼을(이) / 되는 것을 / 화끈거리는 상태.
feel her cheeks get hot
*feel : …을(이) …것을 느끼다.

30. 그녀는 분필지우개들을 유리창 쪽으로 가져가서 가루를 털어 내기 위해 탁탁 쳤다.
어순: 그녀는 / 가져갔다 / 분필지우개들을 / 쪽으로 / 그 유리창 // 그리고 〈그녀는〉 /
take the dusters to the window
탁탁 쳤다 / 그것들을 / 함께 / 되게 하기 위해 / 그 분필가루를(가) / 밖으로.
clap them together get the chalk dust out

31. 난 일어났던 그 일을 누구에게도 애기하지 않을 것을 그에게 약속하도록 했다.
어순: 난 / 만들었다 / 그를(가) / 약속하도록 // 즉 그가 / 말하지 않겠다고 /
make promise that tell
〈에게〉어떤 사람이든 / 그것을[그것이 / 일어났잖아].
anybody *그것을[그것이=what happen
*make : …를(가) …도록 만들다.

32. 무엇이 그로 하여금 담배를 끊게 만들었지?
어순: 뭐가 만들었니 / 그를(가) / 멈추도록 / 담배 피우는 것을?
make stop smoke
*make : …를(가) …도록 만들다.

33. 더운 날씨는 나를 지치게 만든다.
어순: 더운 날씨는 / 만든다 / 나를(가) / 느끼게 / 지치게 된 상태를.
hot weather feel tire
*make : …를(가) …게 만들다.

34. 가방을 들어드릴게요.
어순: 해 주세요 / 나를(가) / 들어주도록 / 당신의 가방을 / 위해 / 당신.
let me carry
*let : …를 …가 …도록 해준다.

35. 그녀는 방문객들이 그 박물관에 있는 전시품들을 관람하는 것을 돕는다.
어순: 그녀는 / 돕는다 / 방문객들을(이) / 관람하는 것을 / 그 전시품들을 / 에 있는 /
help visitors see the exhibits in
그 박물관. *help : …을(이) …것을 돕다.
the museum

36. 이 드레스는 항상 너를 멋지게 보이도록 만든다.
어순: 이 드레스는 / 항상 만든다 / 너를(가) / 보이게 / 멋진 상태로.
always look good
*make : …를(가) …도록 만들다.

37. 그에게 그 의자를 고쳐 달라고 했니?
어순: 너는 갖고 있었니 / 그를(가) / 고치는 / 그 의자를? *우리말에는 이런 표현법이 없다.
have him fix
*have : …하는 …를 갖고 있다.

38. 언제 그 수업이 시작하는지 꼭 알려주세요.
어순: 제발, 해 주세요 / 나를(가) / 알도록 // 언제 그 수업들이 / 시작하는지.
please let know the classes begin
*let : …를(가) …도록 해주다.

39. 그가 하고 싶어하는 것을 하게 해주세요.
어순: 해 주세요 / 그를(가) / 하도록 / 그것을 // 그것을 그가 / 원하잖아 /
let do the thing + that
그렇게 하기를. = what
to 〈do〉 *let : …를(가) …도록 해주다.

40. 당장 집에 갑시다, 그렇게 할까요?
어순: 해 주세요 / 우리를(가) / 가도록 / 집에 / 즉시, 우리가 그렇게 할까요?
let + us at once shall we
= let's
*let : …를(가) …도록 해주다.

41. 그녀는 그 지붕을 고치게 했다.
어순: 그녀는 / 갖고 있었다 / 지붕을(이) / 고쳐진 상태〈로 된 것을〉.
have the roof repair

42. 네가 저 커튼을 만들게 한거야?(=커튼 새로 달았니?)
어순: 너가 가졌었니 / 저 커튼을(이) / 만들어진 상태〈가 된〉?
have those curtains make

43. 어디서 이발했니?
어순: 어디서 너는 가졌니 / 너의 머리카락을(이) / 잘린 상태〈가 된〉?
where have your hair cut

44. 저 코트를 세탁 맡기는 게 좋겠다고 나는 생각해.
어순: 나는 / 생각한다 // 너가 / 갖는 게 좋겠다고 / 저 코트를(가) / 깨끗해진 상태.
should have coat clean

45. 난 사진 찍히는 것을 좋아하지 않아.
어순: 나는 / 좋아하지 않는다 / 갖는 것을 / 내 사진을(이) / 찍히는 상태.
my photograph take

46. 나는 그 책이 〈읽기에〉 쉽다는 걸 알게 되었다.
어순: 나는 / 발견했다 / 그 책을(이) / 쉬운 상태.
find easy

47. 이 대답이 그를 화나게 했지.
어순: 이 대답이 / 만들었다 / 그를(가) / 화난 상태.
this answer make angry

48. 어떻게 그 왕자가 그녀를 행복하게 만들었지?
어순: 어떻게 그 왕자가 만들었니 / 그녀를(가) / 행복한 상태?
make

49. 꽃은 우리의 방을 화창하게 만든다.
어순: 꽃들은 / 만든다 / 우리의 방을(이) / 화창한 상태.
flowers our rooms cheerful

50. 내 작문이 선생님에 의해 고쳐지게 되었다. (그래서 그 작문이 고쳐져 있었다.)
어순: 난 / 가졌다 / 나의 글을(이) / 고쳐진 상태 / 의해서 / 그 선생님.
my composition correct by the teacher

51. "넌 그녀의 금발머리카락이 그 슬리핑백의 밖으로 삐죽거리고 있는 것을 보았니?"
어순: "너는 보았니 / 그녀의 금발머리카락을(이) / 삐죽거리고 있는 중 / 밖으로 /
her blonde hair *peek out
의 / 그 슬리핑백?"
of the sleeping bag

52. 나는 다음 주에 이를 빼게 될 거야.
어순: 나는 / 이다 / 가지려 하는 중 / 내 이를(이) / 제거된 상태 / 다음주.
have my tooth remove

53. 그 이상한 소리가 Amy를 벌떡 일어나 앉게 했다.
"거기 누구죠?" 그녀가 소리쳤다.
어순: 그 이상한 소리가 / 만들었다 / Amy를(가) / 일어나 앉게 / 아주 빠르게.
the strange noise sit up very fast
"누가 있니 / 거기에?" 그녀가 / 불렀다.
there call *make : …를(가) …도록 만들다.

54. "그리고 나는 사인해 줄 일이 있는 그 작가를 도울만한 한 사람을 뽑을 거야." 하고 그녀는 말했다.
어순: "그리고 나는 / 뽑을 것이다 / 한 사람을(이) / 돕도록 / 그 작가를 / 갖고 있는 /
pick one person help writer with
그 사인하는 것을." 〈하고〉 그녀가 / 말했다.
autograph(독자를 위해 자기가 쓴 책에 직접 글을 쓰다)

55. "이젠 잠자리로 돌아가자, 괜찮지?" 하고 그녀가 말했다.
어순: "하라 / 우리를(가) / 돌아가도록 / 자러 / 지금,
let + us = let's go back sleep
〈이니 / 그것이〉 괜찮은 상태?" 〈하고〉 그녀가 / 말했다.
ok
*let : …를(가) …도록 해주다.

56. 강아지들은 자기들의 가죽털이 솔질되는 걸 좋아한다.
어순: 강아지들은 / 좋아한다 / 갖는 것을 / 그들의 가죽털을(이) / 솔질되는 상태.
dogs their coats brush

57. 난 햄버거를 먹으려고 하면, 지겨워진다.
어순: 만약 내가 / 갖고 있다면 / 한 햄버거를 / 먹을, 나는 / 느낀다 /
a hamburger eat
지겨워진 상태를.
sick

58. 그녀는 그 도서관에서 공부하고 있는 중인 그를 발견했다.
어순: 그녀는 / 발견했다 / 그를(가) / 공부하고 있는 중인 / 에서 / 그 도서관.
find study in library

59. 나는 그녀가 버스에 타기를 기다렸다.
어순: 난 / 기다렸다 / 위해 / 그녀를(가) / 탈것을 / 그 버스를.
for get on the bus

60. 그녀는 Lila가 그걸 알게 되는 것을 원하지 않았다.
어순: 그녀는 / 원하지 않았다 / Lila를(가) / 알 것을 / 그것을.
know that

61. 그 컴퓨터가 고장났지만 난 그것이 고쳐지도록 했다.
어순: 그 컴퓨터는 / 이었다 / 고장 난 상태 // 그러나 나는 / 가졌다 / 그것을(이) /
the computer break have
고쳐진 상태.
fix

62. 그녀는 무엇이 자기를 깨웠는지 궁금해했다.
어순: 그녀는 / 궁금해했다 // 무엇이 깨웠는지 / 그녀를(가) / up.
wonder wake

63. 그는 Elizabeth가 자신의 비밀을 지켜줄 것을 믿을 수 있음을 알고 있었다.
어순: 그는 / 알고 있었다 // 그가 / 믿을 수 있다〈는 것을〉 / Elizabeth를(가) /
know trust
지킬 것을 / 그의 비밀을.
keep his secret

64. 그 문을 밀어서 열어라.
어순: 밀어라 / 그 문을(이) / 열린 상태.
push open

65. 내가 돌아다닐 수 있게 해주려고 네가 이 의자를 만들었니?
어순: 너가 만들었니 / 이 의자를 / 도우려고 / 나를(가) / 돌아다니는 것을 /
this chair help get
여기저기를?
around
*즉, 의자가 돕는 것이 아니고 네가 도우려고 만든 것이다.
*make : 만들다. *help : …를(가) …것을 돕다.

66. 네가 어디든 돌아다닐 수 있도록 이 의자를 쓰도록 해라.
어순: 넌 / 쓸 수 있다 / 이 휠체어를 / 돕기 위해 / 네 자신을(이) / 가는 것을 / 어디든.
use this chair help yourself go anywhere
*help : …을(이) …것을 돕다.

67. 제발, 날 보내주세요.
어순: 제발, ~도록 해주세요 / 나를(가) / 가도록.
let me go *let : …를(가) …도록 해주다.

68. 내가 그 프로젝트를 다 끝냈을 때 알려줄게.
어순: 나는 / 할 것이다 / 너를(가) / 알도록 // 때 내가 / 갖는〈때〉 /
let know
끝낸 상태를 / 그 프로젝트를.
finish the project *let : …를(가) …도록 해주다.

69. 그 엄마는 그녀의 아들을 안으로 불러들였다.
어순: 그 엄마는 / 불렀다 / 그녀의 아들을(이) / 돌아〈오도록〉 / 안으로.
call her son back inside

70. 날 위해 그를 집안으로 불러들여 주겠니?
어순: 너는 불러줄 수 있겠니 / 그를(가) / 돌아〈오도록〉 / 안으로 / 그 집 / 위해 / 나?
call back inside for

71. 이 안내견들은 맹인들이 주위를 돌아다니게 돕도록 잘 훈련된 상태이다.
어순: 이 안내견들은 / 이다 / 잘 훈련된 상태 / 〈앞으로〉 돕도록 / 맹인들을(이) /
these guide dogs well train blind people
돌아다니는 것을 / 주위를.
get around *help : …을(이) …것을 돕다.

72. 그 강아지는 그 아이가 혼자 그 길을 건너는 것을 막으려고 노력하는 중이었다.
어순: 그 강아지는 / 이었다 / 노력하는 중 / 막으려고 / 그 아이를 / 로부터 /
try keep the child from
〈그 아이의〉건너는 것 / 그 길을 / 혼자.
cross the road alone

73. 그 들판에 있는 그 작은 통나무집들에게는 폭풍에 흔들리게 되는 위험이 항상 있었다.
어순: 거기에는 / 있었다 / 항상 위험이 / 의 / 그 작은 나무집들(이) / 속 / 그 들판 /
always a danger of small wooden house field
인 중인 / 훅 하는 동작을 당한 상태 / 기우뚱 / 속에서 / 그런 것 /
blow : 불다 over in such
〈즉〉한 커다란 폭풍.
a big storm *흔들리고 있는 중인 모습을 상상해 보라.

74. 그 절 안을 구경하도록 그들이 허락했니?
어순: 그들이 허락했니 / 너를(가) / 볼 것을 / 안쪽 / 그 절?
allow =너희들 see inside the temple

75. Christmas는 많은 나라에서 지켜지는 공휴일이다.
어순: Christmas는 / 이다 / 공휴일(이) / 지켜지는 상태인 / 속에서 / 많은 나라들.
a public holiday observe

76. 그 약은 나를 훨씬 좋게 만들었다.
어순: 그 약은 / 만들어 주었다 / 나를(가) / 느끼도록 / 많이 더 좋은 상태.
the medicine feel a lot better
*make : …를(가) …도록 만들다.

77. 넌 너희 부모님이 집에서 체스 두시는 걸 지켜본 적 있니?
어순: 갖고 있니 / 너는 / 혹시 지켜본 적 있는 상태를 / 너의 부모님을(이) /
ever your parents
하는 것을 / 체스를 / 에서 / 집? *하는 중이 아님.
play chess

78. 우리 엄마는 내가 이런 비 속에서 밖에서 노는 걸 결코 허락 안 하실거야.
어순: 내 엄마는 / 결코× 허락할거다 / 나를(가) / 놀 것을 / 밖에서 / 속 / 이런 비.
never allow outside this rain

79. 그 새싹들이 나오는 데 얼마나 걸리나요?
어순: 얼마나 오래 그것이 / 걸리게 하나요 / 에게 / 그 새싹들(이) / 자라는 데에?
how long take for the sprouts grow

80. 그 새싹들이 나오는 데 최대한 5일이 걸린다.
어순: 그것은 / 걸리게 한다 / 최대한 / 까지 / 5일 / 에게 / 그 새싹들(이) /
up to for
자랄 것.

81. 만약 안내견이 트럭이 속도를 내며 다가오고 있을 때, 맹인을 인도해서 길을 건너가도록 주인에 의해 지시 받는다면, 그것은 주인이 길에 발을 내디디지 못하게 할 것이다.
어순: 만약 안내견이 / 이다면 / 지시 받은 상태 / 인도할 것을 / 맹인을 /
a guide dog tell lead a blind person
건너편으로 / 그 길 // 바로 그때 한 속도 내는 트럭이 / 일〈때〉 / 다가오는 중,
across the street just as speeding truck approach
그것은 / 막을 것이다 / 그 사람을 / 로부터 / 〈그의〉 발을 내딛는 것 / 속으로 /
keep the person step into
그 길.
the road

82. 그 왕은 그의 신하들 중 한 명에게 그 사냥꾼을 죽이라고 명령했다.
어순: 그 왕은 / 지시했다 / 〈에게〉한 명(이) / 중의 / 그의 신하들 / 죽일 것을 /
the king tell his men
그 사냥꾼을.
the hunter

83. 이런 일에 처한 나를 도우라고 누가 너에게 말했니?
어순: 누가 지시했니 / 〈에게〉너(가) / 도울 것을 / 나를 / 속에 있는 / 이 일?
who tell help in this matter

84. 그녀를 풀어 주라.
어순: 하라 / 그녀를(가) / 가도록.
let *let : …를(가) …도록 해주다.

85. 그들은 그를 그들의 왕으로 추대하였다.
어순: 그들은 / 만들었다 / 그를(가) / 〈되도록〉 / 그들의 왕.
their king

86. 폭죽놀이 후 뒤에 남겨진 쓰레기에 대해 잘 생각해 봅시다.
어순: 하라 / 우리를(가) / 깊게 생각하도록 / 그 쓰레기더미를(가) /
let + us = let's consider the trash
남겨진 상태〈인〉 / 뒤에 / 후 / 한 폭죽놀이 현장.
leave behind after a fireworks display
*let : …를(가) …도록 하다.

87. 학생들이 학기당 열 시간의 자원봉사활동을 하도록 하는 제안이 있다.

어순: 거기에는 / 있다 / 한 제안이 / 〈앞으로〉 만들 / 학생들을(이) / 하는 것을 /
a proposal students do

10시간을 / 의 / 자원봉사 일 / 각 학기.
10 hours of volunteer work each semester

*make : …을(이) …도록 만들다.

88. 어떤 사람들은 그 제안이 사람들을 자원봉사 하라고 강요하고 있으므로, 그들이 자발적으로 하고 있는 것이 전혀 아니라고 주장한다.

어순: 어떤 사람들은 / 논쟁한다 // 즉 그 제안이 / 이다고 / 강요하는 중 /
some people argue that force

사람들을(이) / 자원봉사 할 것을, 그러므로 / 〈그들이〉 / 아니라고 /
volunteer and therefore

자원봉사 하는 중 / 에서 / 모든 면.
at all

89. 네가 남을 도울 때, 그것이 너로 하여금 기분이 좋아짐을 느끼게 만든다.

어순: 때 너가 / 도울〈때〉 / 누군가 다른 사람을, 그것은 / 만든다 / 너를(가) /
someone else

느끼도록 / 더 나은 상태를 / 대해 / 너 자신.
feel better

*make : …를(가) …도록 만들다.

90. 여러분에게는 사람들의 삶을 더 좋게 만들 그런 힘이 있습니다.

어순: 너희들은 / 갖고 있다 / 그 힘을 / 만들 / 사람들의 삶을(이) / 더 좋은 상태.
the power people's lives better

91. 자원봉사 하는 것은 학생들이 좀더 이해심을 갖게 되도록 하고 다른 사람에게 관심을 보이게 하도록 도울 것이다.

어순: 자원봉사활동 하는 것은 / 도울 거다 / 학생들을(이) / 되는 것을 /
volunteer become

더 많은 이해심을 갖는 중 / 그리고 / 관심을 보이는 중 / 쪽을 향하여 /
more understand care toward

다른 사람들.
others

*help : …을(이) …것을 돕다.

92. 백화점에 있는 거울들은 사람들이 더 천천히 걷도록 만들고 그 거울 속의 자신들의 모습에 눈길을 주도록 만든다.

어순: 그 거울들은 / 속 / 백화점들 / 만든다 / 사람들을(이) / 걷도록 /
walk

더 느린 상태로 / 그리고 / 눈길을 주도록 / 에 / 그들의 모습들 / 에 있는 /
slower look at their images in

그 거울.

*make : …을(이) …도록 만들다.

93. 누군가가 당신에게 어떤 문제에 대해 얘기할 때, 그 사람은 당신이 자기에게 귀 기울려 줄 것이라고 기대하고, 같이 상의해 줄 것이라고 기대합니다.

어순: 때 누군가가 / 말할 때 / 〈에게〉 / 너 / 대해서 / 어떤 문제, / 그이나 그녀는 /
someone tell a problem

기대한다 / 너를(가) / 귀 기울 일 것〈으로〉 / 그리고 / 상의해줄 것〈으로〉 /
expect listen discuss

그것을 / 와 / 그 나 그녀.
with or

94. 그 법은 모든 비행기들에게 black box라고 불리는 비행 기록기를 설치할 것을 요구한다.

어순: 그 법은 /요구한다〈에게〉 / 모든 비행기들(이) / 설치할 것을 /
law require planes install

비행 기록기를(이) / 불리는 상태인 / 〈라고〉 / 'black box'.
a flight recorder call

95. 우리는 지난 금요일에 시간표보다 앞선 그 버스의 출발에 대한 당신의 불만을 눈여겨 봤습니다.

어순: 우리는 / 갖고 있다 / 눈길을 준 상태를 / 속으로 / 당신의 불만 / 대한 /
into your complaint

그 버스〈의〉 출발한 것 / 미리 / 의 / 스케줄 / 지난 금요일.
leave ahead schedule

96. 그 운전자는 다시는 미리 떠나지 말라는 공식적인 경고를 받은 상태입니다.

어순: 그 운전자는 / 갖고 있다 / 인 상태를 / 받은 상태 / 한 공식적인 경고를 /
give an official warning

떠나지 말라는 / 일찍 / 다시는.
leave early

97. 그는 짚과 대나무로 만들어진 한 작은 오두막에서 산다.
어순: 그는 / 산다 / 속 / 한 작은 오두막(이) / 지어진 상태〈인〉 / 〈물질로〉 / 의 /
shack build
짚과 대나무.
straw and bamboo

98. 나는 수업에 수군대기 시작하는 아이들의 목소리를 들을 수 있었다.
어순: 나는 / 들을 수 있었다 / 〈목소리를〉 / 〈의〉 / 아이들(이) / 속 / 수업 /
hear kids class
시작하는 중〈인〉 / 수군거리려고.
start whisper

99. 그 선생님은 그들이 그 다음날에 시험을 치를 수 있도록 해주기로 결심했다.
어순: 그 선생님은 / 결심했다 / 하게 할 것을 / 그들을(이) / 치르는 것을 /
let take
그 시험을 / 에 / 그 따라가는 중인 날.
the test on the following day *let : …을(이) …도록 해주다.

100. 그 첫 번째 문제는 5점짜리 쉬운 문제였다.
어순: 그 첫 번째 문제는 / 이었다 / 한 쉬운 질문(이) / 가치가 있는 상태〈인〉 /
the first problem question worth
5점.
5 points

Practice 10 10단계 : 「설명하기 위한 가장 작은 문장」을 끼워 넣은 문장

설명을 해달라는 질문이 있으면 그 질문에 대해 대답할 때 약간 짜증난다는 말투로 답하면 그 「흐름」이 자연스럽게 된다. 예를 들어,

그 사람(그 사람이 누군데?) / [그 사람이 때렸잖아/너를](아~ 그 사람, 그 사람이 뭐?)이다니까(뭐?) / 저 사람.

*어순 힌트 없이 문장을 만들 수 있을 때까지 연습하는 것이 여기에서는 매우 중요하다.
*「전체 문장」을 보물지도의 18가지 문장에서 골라내고, 「설명하는 문장」을 보물지도의 18가지 문장에서 골라내라.

100개의 영어문장 만들기

1. 옆집에 사는 그 여자는 의사이다.
어순: 그 여자는 / [**그 사람이** / 산다니까 / 〈에〉 가장 가까운 문] 이다 / 의사.
the woman / live / next door / a doctor

2. 누가 옆집에 사나요?
어순: 누가 사나요 / 〈에〉 가장 가까운 문?
who / next door

3. 너는 누가 옆집에 사는지 알고 있니?
어순: 너는 아니 // 누가 / 사는지 / 〈에〉 가장 가까운 문?
know

4. 내가 보았던 그 여자는 옆집에 산다.
어순: 그 여자는 / [〈**그 사람을**〉 내가 / 보았다니까] / 산다 / 〈에〉 가장 가까운 문.

5. 고장난 이 기계가, 네 것이니?
어순: 이니 / 이 기계가 / [**그것이** / 이군 / 고장난 상태], 네 것?
this machine / break down

보물지도 : 오른쪽→중간방→나머지(고장난 이 기계가)

6. 그녀는 책을 많이 읽는 집중력 있는 학생이다.

어순: 그녀는 / 이다 / 한 집중하는 상태인 학생 / [**그런 사람이** 읽잖아 /

an attentive student

한 무더기를 / 의 / 책들].

a lot

7. 저 교실에 있는 저 애가 누구이지?

어순: 누구이니 / 저 여자가 / 속 / 저 교실?

that girl in the class room

8. 그것이 네가 원하는 그런 것이니?

어순: 이니 / 그것이 / 어떤 것 / [〈**그런 것을**〉 네가 / 원하잖아]?

it something

보물지도 : 오른쪽→중간방→나머지(그것)

9. 그녀는 교실에 있던 Charlie에게 뛰어갔다.

어순: 그녀는 / 뛰어갔다 / 에게 / Charlie / [**그 사람이** 있었잖아 / 속 / 그의 교실].

run over in his class

10. 그것은 모든 사람들이 마음에 들어 할 만한 그런 것이어야만 했다.

어순: 그것은 / 갖고 있었다 / 일 것을 / 어떤 것 / [〈**그것을**〉 / 모든 사람들이 /

something everyone

마음에 들어 했잖아].

like

11. 그것이 바로 지금 내가 생각하고 있는 그것이다.

어순: 그것이 / 이다 / **그것** / [에 대해서 / **그것** 내가 / 이잖아 / 생각하는 중 /

*그것[그것 = what

about / 지금].

12. 그것은 너답지 않다.

어순: 그것은 / 아니다 / **그것** / [**그것을** 내가 / 떠올리잖아 / 대해서 / 너].

*그것[그것을 = what think

13. 너는 무슨 생각을 하고 있니?

어순: 무엇이니 / 너는 / 생각하는 중 / 에 대해?

14. 그것이 내가 원하는 것이다.
어순: 그것이 / 이다 / **그것** / [**그것을** 내가 / 원한다니까].
*그것[그것을 = what want

15. 그것은 내가 원하는 게 아니야.
어순: 그것은 / 아니다 / **그것** / [**그것을** 내가 / 원하잖아].
*그것[그것을 = what

16. 네가 책상에 올려놓았던 노란 것이 뭐야?
어순: 무엇이니 / 그 노란 것 / [〈**그것을**〉 너가 / 놓았잖아 / 위에 / 그 책상]?
what the yellow thing put the desk

보물지도 오른쪽→중간방→나머지

17. 너는 내가 무엇을 그 책상 위에 놓았는지 아니?
어순: 너는 아니 // 무엇을 내가 / 놓았는지 / 위에 / 그 책상?

18. 무슨 요일인지 누가 알고 있니?
어순: 누가 알고 있니 // 무슨 요일 그것이 / 인지?
know what day

19. 너가 그를 방문할 수 있는 날이 무슨 요일이니?
어순: 무슨 요일이니 / 그것은 // 즉 너가 / 가서 방문할 수 있는 / 그를?
day that go visit

20. 난 네가 내게 주었던 그 선물에 대해 생각하고 있었다.
어순: 나는 / 이었다 / 생각하는 중 / 대해서 / 그 선물 / [〈**그것을**〉 너가 / 주었잖아 /
the present
〈에게〉나].

21. 한때 몇 명에게만 가능했던 정보가, 이젠 어떤 사람에게든지 가능하다.
어순: 정보가 / [**그것이** 이었잖아 / 한때 / 단지 가능한 상태 / 에게 / 몇 사람], 이다 /
information that once only available to a few
이젠 가능한 상태 / 에게 / 어떤 사람이든지.
anyone

22. 네가 필요로 하는 만큼의 돈을 나는 줄 거야.
어순: 나는 / 줄 것이다 / 〈에게〉너 / 정도 / 많은 돈 / [**그 정도를** 네가 /
give as much as
필요로 하잖아].
need

23. 그가 그 정도로 키 크지 않았다는 게 분명했니?
어순: 이었니 / 그것이 / 명백한 상태 // 즉 그가 / 이지 않았다는 것 /
clear that
그토록 키 큰 상태?
so tall

24. 그게 어떻게 된 거지?
어순: 무엇이 발생했니 / 에게 / 그것? 보물지도 왼쪽→중간방→나머지
happen that

25. 이건 내가 어제 잃어버렸던 그 시계와 똑같네.
어순: 이것은 / 이다 / 그 똑같은 시계 / [〈**그 똑같은 것을**〉 / 내가 / 잃어버렸다니까 /
the same watch 〈as〉 lose
어제].

26. 이것이 바로 내가 흥미를 느낀 그 이야기이다.
어순: 이것이 / 이다 / 그 이야기 / [**속에서** 〈**그것**〉내가 / 이다니까 /
흥미를 느낀 상태 **in**].
interest

27. 테니스는 내가 좋아하는 상태인 그 운동 이다.
어순: 테니스는 / 이다 / 그 운동 / [〈**모든 것을**〉 / **의** / 〈**그것**〉내가 / 이잖아 /
sport
좋아하는 상태 / **of**].
fond

28. 넌 그가 갖고 놀았던 그 장난감 봤니?
어순: 너는 보았니 / 그 장난감을 / [**갖고** / 〈**그것을**〉 그가 / 놀았잖아 / **with**]?
the toy

29. 이게 그가 갖고 놀았던 그 장난감이니?
어순: 이니 / 이것이 / 그 장난감 / [**가지고** / 〈**그것을**〉 / 그가 놀았잖아 / **with**]?

30. 이건 그가 갖고 놀았던 장난감이 아니야.
어순: 이것은 / 아니다 / 그 장난감 / [**가지고** / 〈**그것을**〉 그가 / 놀았잖아 / **with**].

31. 이 분이 바로 자기 집이 불탔던 그 분이야.
어순: 이 분이 / 이다 / 그 사람 / [**그 사람의 집이** 탔다니까 / 폭삭].
this the man whose house burn down

32. 집이 불에 탄 사람들을 우선, 도우세요.
어순: 우선, 도와라 / 그 사람들을 / [**그 사람들의 집들이** 탔잖아 / 폭삭].
first help

33. 네가 돈을 빌렸던 그 아이의 이름이 뭐냐?
어순: 무엇이니 / 그 이름이 / 의 / 그 아이 / [**그 사람의 돈을** 네가 / 빌렸잖아]?
what the name the boy whose money borrow

34. 나는 널 아는 어떤 아이를 만났어.
어순: 나는 / 만났다 / 한 아이를 / [**그 사람이** 알고 있다니까 / 너를].
meet a boy who *know(과거를 쓰면 지금은 모르는 것이 됨)

35. 난 자기 여동생이 너를 알고 있는 어떤 여자애를 만났어.
어순: 나는 / 만났다 / 한 여자아이를 / [**그 사람의 여동생이** 알고 있다니까 / 너를].
a girl whose sister

36. 내가 보고 싶었던 그 여자는 가버리고 없었다.
어순: 그 여자는 / [〈**그 사람을**〉 내가 / 원했다니까 / 볼 것을] 이었다 /
the woman see
〈사라진 상태〉 / 멀리.
away

37. 나와 일하는 사람들은 매우 좋은 사람들이다.
어순: 그 사람들은 / [**와 같이** / 〈**그 사람들**〉 내가 / 일하잖아 / **with**] 이다 /
매우 좋은 상태.
very nice

38. 내가 그녀를 봤던 그 식당이 저거야.
어순: 그 식당은 / [**거기에서** 내가 / 보았다니까 / 그녀를] 이다 / 저것.
the restaurant where that one

39. 내가 그녀를 마지막으로 봤을 때, 그녀는 어떤 식당에 있었어.
어순: 그 마지막 때 [〈**그 때**〉 내가 / 봤다니까 / 그녀를], 그녀는 / 있었다 / 속에 / 어떤 식당.
the last time in

40. 그녀에게는 아들 두 명이 있는데, 그 둘 다 선생님이다.
어순: 그녀는 / 갖고 있다 / 두 아들을, 〈그런데〉 [**둘 다가** / **의** / **그 사람들** 이다 /
two sons both whom

선생님들].
teacher

41. 이게 바로 내가 너에게 얘기하고 있었던 그 강아지야.
어순: 이것이 / 이다 / 그 강아지 / [**대해서**〈**그것**〉 내가 / 이었잖아 / 얘기하는 중 /
tell

〈에게〉 너 / **about**].

42. 최근에 새끼를 낳았던 그 개가 여기 있다.
어순: 여기에 / 있다 / 그 강아지가 / [**그것이** 갖었잖아 / 새끼들을 / 최근에].
here that have puppies recently

43. 그가 그 개를 걷어찼던 그 사람이에요.
어순: 그가 / 이다 / 그 남자 / [**그 사람이** 찼다니까요 / 그 개를].
the man that(who) kick

44. 저것이 내 친구를 물었던 그 개야.
어순: 저것이 / 이다 / 그 개 / [**그것이** 물었다니까 / 내 친구를].
that that bite my friend

45. 이 녀석은 잘 문다는 그 개야, 조심해.
어순: 이것이 / 이다 / 그 개 / [**그것이** 문다니까 / 〈사람들을〉], 이어라 / 조심하는 상태.
that be careful

46. 그녀는 반 아이들이 잘 대해준다고 말했다.
어순: 그녀는 / 말했다 // 즉 그녀의 반 아이들이 / 이었다〈고〉 / 잘 대해주는 상태.
said classmates friendly

47. 그들이 심술궂기 때문에 그는 그들을 좋아하지 않아.
어순: 그는 / 좋아하지 않아 / 그들을 // 왜냐하면 그들이 / 이기〈때문에〉 / 심술궂은 상태.
them because nasty

48. 이 아이들 중 누가 그 펜을 훔쳤니?
어순: 어느 쪽이 / 의 / 이 아이들 훔쳤니 / 그 펜을?
which of these boys steal the pen

보물지도 왼쪽→중간방→나머지 (이 아이들 중 누가)

49. 난 그것을 훔쳤던 사람이 그라고 생각해.
어순: 나는 / 생각해 // 그것이 / 이다고 / 그 / [**그 사람이** 훔쳤다니까 / 그것을].
he who

50. 가버린 그 여자가, 내가 말 한번 해보고 싶었던 그 사람이다.
어순: 그 여자가 / [**그 사람이** 이잖아 / 〈사라진 상태〉 멀리], 이다 / 그 사람 /
who away the one
[**에게**〈**그 사람**〉 내가 / 원했잖아 / 말할 것을 **to**].
talk

51. 어떤 것이 네가 학교에서 가장 좋아하는 과목이니?
어순: 어떤 것이 이니 / 너의 가장 좋아하는 과목 / 에서 / 학교?
which your favorite subject at school

52. 이런 일을 하는 것쯤은 풍선껌 씹는 일 만큼 쉬운 그런 일이지.
어순: 하는 것은 / 이것을 / 이다 / 어떤 것 / [**그런 것이** 되잖아 / 정도로 /
do that come as
자연스러울 / 만큼 / 씹는 것 / 풍선껌을].
naturally as chew bubblegum

53. 네가 뭘해야 할지 알 거야, 안 그래?
어순: 너는 / 알고 있지 / 무엇을 할지를, 넌 그렇지 않니?
what do

54. 그것이 사람들에게 해로운 뭐 그런 것이니?
어순: 이니 / 그것이 / 그런 것 / [**그것이** 이잖아 / 해로운 상태 / 에게 / 사람들]?
something that harmful to people

55. 항체들은 병을 일으키는 세균들과 싸운다.
어순: 항체들은 / 싸운다 / 〈와〉 / 그 세균들 / [**그것들이** 일으키잖아 / 질병을].
antibodies fight the germs that cause illness

56. 잠자는 동안 혼자 대화를 하거나 심지어 가끔 걸어 다니기도 하는 사람들도 있다.
어순: 거기에는 / 있다 / 사람들이 / [**그 사람들이** 대화하잖아 / 또는 / 심지어
there / who / talk / or / even
어떤 때는 걷잖아 / 동안 / 잠자는 중].
sometimes walk / while / sleep

57. 그가 살았던 마을 Cremona는 바이올린이 제작되는 그런 곳이었다.
어순: Cremona, 그 마을은 / [**속에** 〈**그것**〉 / 그가 / 살았잖아 **in**], 이었다 /
the town
한 장소 / [**거기에서** 바이올린들이 / 이었다니까 / 제작되는 상태].
a place / where / violins / manufacture

58. 너 영어 대신 한국어를 할 수 있는 그런 로봇을 갖고 있어?
어순: 너는 갖고 있니 / 한 로봇을 / [**그것이** 말할 수 있잖아 / 한국어를 / 대신에 /
a robot / that / speak / Korean / instead
의 / 영어]?
of / English

59. 난 집에서 날 위해 요리를 해주는 그런 로봇을 원할 뿐이야.
어순: 나는 / 단지 원한다 / 한 로봇을 / [**그것이** 요리해 주잖아 / 위해 / 나 /
only / that / cook / for
에서 / 집].
at / home

60. 그 왕에게 주어졌었던 그 충고는 이것이었다.
어순: 그 충고는 / [**그것이** 갖고 있었잖아 / 인 상태를 / 주어진 상태 / 에게 /
the advice / that
그 왕] / 이었다 / 이것.
king

61. 그 학교에 있었던 그 여자는 우리 엄마이었다.
어순: 그 여자는 / [**그 사람이** 있었는데 / 속 / 그 학교] / 이었다 / 우리 엄마.
the woman / who / in / my mom

62. 그 아이들은 그 거리를 걸어가고 있는 어떤 사람에게나 동전을 던졌다.
어순: 그 아이들은 / 던졌다 / 동전들을 / 위에다 / 어떤 사람 /
the children / throw / coins / on / anyone
[**그 사람이** 이었다니까 / 걷는 중 / 쭉 / 그 길].
who / walk / down / the street

63. Christmas는 가족 그리고 친구들과 보내는 그런 날이다.
어순: Christmas는 / 이다 / 어떤 시기 / [**그것이** 이단다 / 보내지는 상태 / 와 /
a time that spend with
가족과 친구들].
family and friends

64. 네가 만나고 싶었던 사람이 누구지?
어순: 누구 / 이니 / 그 사람은 / [〈**그 사람을**〉 네가 / 원했잖아 / 볼 것을]?
who the person see

65. 잘 나가는 그의 전성기가 얼마 남지 않았음을 알고, 그는 자기가 알고 있는 모든 것을 다 얘기해 주기로 결심했다.
어순: 알면서 // 〈즉〉 그의 날들이 / 이었음을 / 다 된 상태, 그는 / 결심했다 /
know his days short decide
말할 것을 / 대해서 / 모든 것 / [〈**그것을**〉 그가 / 알고 있었다니까].
talk everything

66. 삶에 네가 가진 모든 것을 걸어라, 그러면 삶은 너에게 최고의 것을 돌려줄 것이다.
어순: 주어라 / 〈에게〉 / 인생 / 모든 것을 / [〈**그것을**〉 너가 / 갖고 있잖아 /
give life everything have
얻은 상태], 그러면 인생은 / 줄 것이다 / 그것의 최고를 / back / 에게 / 너.
got and its best

67. 그 좁은 통로의 한 중간에 꽉 끼어 버린 그 남자는 다음에 무엇을 할지 몰랐다.
어순: 그 남자는, 끼게 된 상태인 / 속 / 그 중간 / 의 / 그 좁은 통로,
stick middle the narrow passage
알지 못했다 / 무엇을 할지를 / 다음에.
what do next

68. 그들은 새로운 새장을 살 수 없다, 그래서 아마 그것이 그 새장 안에 그토록 많은 새들이 있는 이유인 것 같다.
어순: 그들은 / 살 수 없다 / 새로운 새장들을, 그래서 / 아마 / 그것이 / 일 것이다 /
buy new cage so may be that *is
〈그 이유〉 // [**그 이유 때문에** 거기에 / 있잖아 / 그토록 많은 새들이 / 속에 /
why so many birds
그 새장].
the cage

69. 양초대신 밤에 사용할 수 있을 정도로 밝은 빛을 내는 반딧불이를 상상해 보라.
어순: 상상해 보라 / 어떤 반딧불이를 / [**그것이** 이잖아 / 그토록 밝은 상태]
imagine a beetle that so bright
(누가 어쩔 정도로?) // 너가 / 사용할 수 있을 정도로 /그것을 / 에 / 밤 /
at
대신 / 의 / 양초.
instead of a candle

70. 물 속에서 헤엄칠 수 있는 곤충을 너는 혹시 본 적 있니?
어순: 갖고 있니 / 너는 / 혹시 본 상태를 / 어떤 곤충을 / [**그것이** 수영할 수 있잖아 /
ever see an insect that swim
속에서 / 그 물]?
in the water

71. 내 어린 사촌동생에게는 별로 맘에 들어하지 않는 호랑이 봉제 인형이 있단다. 난 그것을 네게 줄 수도 있어.
어순: 내 어린 사촌 동생이 / 갖고 있지 / 한 채워진 상태인 호랑이를 / [〈**그것을**〉
little cousin stuff
그녀는 / 좋아하지 않는단 말이야]. 나는 / 줄 수도 있어 / 그것을 / 에게 / 너.
give

72. Bumb이라는 왕이 영국에 살고 있었다.
어순: 거기에는 / 있었다 / 어떤 왕이 / 이름지어진 상태인 / 〈라고〉 / Bumb /
a king name
속에 / 영국.
in England

73. 너는 혹시 Bumb이라는 영국의 한 왕에 대해 들어본 적 있니?
어순: 갖고 있니 / 너는 / 혹시 들어본 상태를 / 〈모든 것을〉 / 의 / 한 왕 /
ever hear
이름지어진 상태 / 〈라고〉Bumb / 속 / 영국?

74. 한순간의 재미를 위해서 내야 되는 그런 돈에 대해서 생각해 보라.
어순: 그냥 생각해 보라 / 대해서 / 그 가격 / [〈**그것을**〉 우리가 / 지불하잖아 /
the price pay
위해 / 단 몇 분 / 의 / 재미].
just a few minutes fun

75. 폭죽은 환경에 해로운 화학물질을 갖고 있어.
어순: 폭죽들은 / 포함한다 / 화학물질들을 / [**그것들이** 이잖아 / 해로운 상태 /
fireworks contain chemicals that
에 / 그 환경].
to the environment

76. 이 화학물질들은 우리가 숨쉬는 공기를 오염시키고 우리가 마시는 물을 오염시킨다.
어순: 이 화학물질들은 / 오염시킨다 / 그 공기를 / [〈**그것을**〉 우리가 / 숨쉰다니까] /
pollute breathe
그리고 그 물을 / [〈**그것을**〉 우리가 / 마시잖아].
drink

77. 어떤 사람은 폭죽을 터트린 사람들이 그 뒤처리를 할 것이라고 생각할 텐데…. 하지만 그 사람들은 거의 그러지 않는다.
어순: 어떤 사람은 / 기대할 것이다… // 즉 그 사람들이 / [**그 사람들이**
one expect that those who
터트리잖아 / 그 폭죽들을] / 치울 것이라…고 / 그 쓰레기를 /
set off the fireworks pick up the trash
끝난 후, 그러나 그들은 / 거의 그런다.
afterwards rarely do

78. 문제가 되는 것은 그 학생들이 그 제안에 대해서 전혀 알지 못한다는 것이다.
어순: **그것은** / [**그것이** 문제를 일으키잖아] / 이다 // 즉 그 학생들이 /
*그것은[그것이 = what matter:문제를 일으키다 that students
모른다는 것이다 / 어떤 것도 / 대해서 / 그 제안.
anything the proposal

79. 우리에게는 우리의 도움을 필요로 하는 다른 사람들을 도와야 하는 의무가 있다.
어순: 우리는 / 갖고 있다 / 일종의 의무를 / 향하는 / 다른 사람들 / [**그 사람들이**
a responsibility to other people who
이잖아 / 계산하고 있는 중 / 위에 / 우리 / 위해서 / 도움을].
count on us for help
*여러 사람 중에 몇 명을 고르면서 하는 동작을 상상해보자.

80. 너 계획에도 없었던 걸 샀니?
어순: 너는 샀니 / 어떤 것을 / [〈**그것을**〉 너가 / 갖고 있지 않았잖아 /계획한 상태를 /
anything
그러기로]?
to〈buy〉

81. 그녀가 짓는 어떤 집들도 서로 닮은 점이 없다.
어순: 없는 두 개의 집들이 / [**그것들을** 그녀가 / 짓잖아] 이다 / 비슷한 상태.
that build alike
= 그녀는 독창적인 집만 짓는다.

82. 읽지 못하는 많은 사람들은 학교를 다닐 수 있는 기회가 없었던 나라에서 온 이민자들이다.
어순: 많은 사람들은 / [**그 사람들이** 읽을 수 없잖아] 이다 / 이민자들 / 로부터 /
many people who read immigrants from
나라들 / [**거기에서는** 그들이 / 갖고 있었다 / 없는 기회를 / 갈 / 에 / 학교].
countries where no chance go school

83. 읽지 못하는 사람들은 또한 읽지 못하는 부모들을 갖고 있었다.
어순: 그 사람들은 / [**그 사람들이** 읽을 수 없잖아] / 갖고 있었다 / 부모들을 /
those who parents
[**그 사람들이** 읽을 수 없었다 / 역시].
who either

84. 많은 가난한 아이들이 그들이 필요로 하는 보살핌을 받지도 못하는 그런 과밀된 학교에 다닌다.
어순: 많은 가난한 아이들은 / 참석한다 / 〈에〉과밀 된 학교 / [**거기에서는** 그들이 /
many poor children attend overcrowd school where
얻을 수 없다 / 그 보살핌을 / [〈**그것을**〉 그들이 / 필요로 하잖아]].
get the attention need

85. 그는 큰 자동차 경주에서 영웅이 될 수도 있는 그런 날을 꿈꾸고 있었다.
어순: 그는 / 이었다 / 꿈꾸는 중 / 〈모든 것을〉 / 의 / 그 날 / [**그때** 그가 /
dream of the day when
될 수도 있잖아 / 한 영웅 / 속에서 / 하나의 큰 자동차 경주].
become hero in a big car race

86. 블랙박스는 추락 이전에 일어났던 일을 알려주는 것을 도와주는 비행기록기계이다.
어순: a Black Box는 / 이다 / 하나의 비행기록기계 / [**그것이** 도움되잖아 /
a flight recorder that
알려주는 데에 / **그것을** / [**그것이** 발생했잖아 / 전에 / 그 충돌].
tell *그것을[그것이 = what before the crash

87. 그 사람들은 자기들이 되고 싶어하는 그런 모습의 사진을 쳐다보도록 지시 받았다.
어순: 그 사람들은 / 이었다 / 지시 받은 상태 / 눈길을 주라고 / 에 /
ask look at
한 사진 / 의 / 〈**그 모습**〉 / [**대해서** / **그것** 그들이 / 원하잖아 / 꿈꿀 것을 **about**].
a photo *그 모습[그것 = what dream

88. 그 버스의 이른 출발로 인해 여러분들이 겪었을 수도 있었던 어려움에 대해 진심으로 사과드립니다.
어순: 우리는 / 이다 / 매우 죄송스러운 상태 / 때문에 / 어떤 어려움 / [〈**그것을**〉
very sorry for any trouble
여러분이 / 갖고 있을 수도 있잖아 / 겪은 상태를 / 로 / 하나의 결과 / 의 /
may suffer as a result of
그 버스의 이른 출발].
bus's early departure

89. 그는 천장에 있는 많은 구멍으로부터 떨어지는 물로 인해 젖게 되었다.
어순: 그는 / 얻었다 / 젖은 상태를 / 로부터 / 그 물 / [**그것이** 똑똑 떨어졌잖아 /
wet that drip
위에 / 그 / 통해서 / 그 많은 구멍들 / 속 / 그 막는 것].
on him through the many holes the ceiling

90. 우리가 고기를 먹었던 유일한 시기는 Christmas였는데, 그때 그 농장주인은 돼지 한 마리를 잡아서 우리에게 한 조각씩 주곤 했다.
어순: 그 유일한 시기는 [〈**그때**〉 우리가 / 먹었잖아 / 고기를] 이었다 / 동안 /
the only time meat over
Christmas time, [**그때** 그 주인은 / 의 / 그 농장 / 잡곤 했다니까 /
when the owner the farm *would
한 돼지를] // 그리고 〈**그때**〉〈그는〉 / 주곤 했다니까 / 〈에게〉 우리 /
〈*would〉 us
한 조각을].
a piece

91. 그는 더 이상 짧을 수 없었을 그런 전보를 보냈다.
어순: 그는 / 보냈다 / 한 전보를 / [**그것이** 가질 수 없었잖아 / 인 상태를 /
send out a telegram that
더 이상 간단한 상태].
any more brief

92. 나에 의해 쓰여진 그 영어 에세이가 선생님들 가운데 걱정을 야기시켰다.
어순: 그 영어 에세이는 / [〈**그것이** 이었잖아〉 / 쓰여진 상태 / 의해서 / 나]
the English essay write
일으켰다 / 걱정(염려)을 / 중에서 / 그 선생님들.
cause concern among teachers

93. 나는 내가 보고 있는 것을 믿을 수 없었다. 그 종이는 상형문자로 채워져 있었는데, 그것들 중 많은 것들을 나는 쉽게 해독할 수가 없었다.
어순: 나는 / 믿을 수가 없었다 / **그것을** / [**그것을** 내가 / 이었잖아 / 보는 중].
believe *그것을[그것을 = what see
그 종이는 / 이었다 / 채워진 상태 / 로 / 상형문자들, 〈그런데〉
the paper fill with hieroglyphics
[**많은 것을** / **중의** / **그것들** 나는 / 간단히 해석할 수 없었다].
many of which simply translate

94. 그들은 그런 것이 그 다음 페이지에 있을 것이라고는 상상조차 하지 못했다.
어순: 그들은 / 이었다 / 준비 안 된 상태/ 위해 / **그것** / [**그것을** 그들이 /
unprepare *그것[그것을 = what
보았잖아 / 위에서 / 그 다음페이지].
on the next page

95. 그들은 절망적이었다, 그래서 결국 그들은 살아남기 위해 그들이 할 수 있는 모든 것을 하는 상황에까지 이르렀다.
어순: 그들은 / 이었다 / 절망적인 상태, 그래서 그들은 / 결국 …다 / 하는 것을 /
desperate so end up do
모든 것을 / [〈**그것들을**〉 그들이 / 그럴 수 있었잖아 / 살기 위해].
all could survive

96. 그가 대충 설명했던 그 프로그램은 좋은 것 같다.
어순: 그 프로그램은 / [〈**그것을**〉 그가 / 대충 설명했잖아] / 처럼 소리낸다 /
the program outline sounds
좋은 상태.
good

97. 우리는 그 선생님이 우리에게 가르쳐 주신대로 연습하기 위해 여기 온 거야.
어순: 우리는 / 있다 / 여기에 / 기억하기 위해 / **그것을** / [〈**그것을**〉 그 선생님이 /
are remember *그것을[그것을 = what the instructor
가르쳐줬잖아 / 〈에게〉우리].
teach

98. Dean Patrick이라는 어떤 남자에게 Joshua라는 친구같은 개가 있었다, 그런데 그 사람은 1999년도의 자동차사고 이래로 휠체어를 사용해 오고 있다.

어순: 거기에는 / 있었다 / 어떤 개, Joshua / 그 동반자 / 의 / 어떤 남자 /
the companion

불리는 상태인 / Dean Patrik, 〈그런데〉[**그 사람은** 갖고 있다 /
name *지금까지

사용한 상태를 / 한 휠체어를 / 부터 쭉 / 한 자동차 사고 / 속 / 1999].
a wheel chair since a car accident in

99. DNA는 우리 몸 속에 내장된 정보이다.

어순: DNA는 / 이다 / 정보 / 있게 된 상태인 / 속에 / 우리의 몸들.
carry in our bodies

100. 자신들을 "진정한 사람들"이라고 여겼던, 그 Cherokee 인디언들은, 〈지금〉 Carolina, Georgia, Virginia와 Kentucky라 불리는 주의 시냇물과 강을 따라 그들의 마을을 건설하였다.

어순: 그 Cherokee Indians는, 〈그런데〉 [**그 사람들이** 생각했잖아 / 자기 자신들을 /
who consider themselves

〈라고〉 / "그 진정한 사람들"], 건설했다 / 그들의 마을들을 / 따라서 /
the real people establish along

그 시냇물들과 강들 / 의 / 그 주들 / [그것들이 / 이잖아 / 불리는 상태 /
the streams the states that *지금도

〈라고〉 / Carolina, Georgia, Virginia, and Kentucky].

A BASIC WAY TO CREATIVE ENGLISH

시사문화사

Contents

Practice 1　1단계 : 가장 작은 문장 1개

1. I am a student. 오른쪽→윗방→나

2. You are a student. 오른쪽→윗방→너

3. She is a student. They are students. 오른쪽→윗방→나머지. 오른쪽→윗방→너(they)

4. Am I a student? 오른쪽→중간방→나

5. Are you a student? 오른쪽→중간방→너

6. Is he a student? Are they students? 오른쪽→중간방→나머지. 오른쪽→중간방→너(they)

7. I am not a student. 오른쪽→아랫방→나

8. You are not a student. 오른쪽→아랫방→너

9. He is not a student. They are not students. 오른쪽→아랫방→나머지. 오른쪽→아랫방→너(they)

10. I live here. 왼쪽→윗방→나

11. You live here. 왼쪽→윗방→너

12. She lives here. They live here. 왼쪽→윗방→나머지. 왼쪽→윗방→너(they)

13. Do I live here? 왼쪽→중간방→나

14. Do you live here? 왼쪽→중간방→너

15. Does he live here? Do they live here? 왼쪽→중간방→나머지. 왼쪽→중간방→너(they)

16. I don't live here. 왼쪽→아랫방→나

17. You don't live here. 왼쪽→아랫방→너

18. He doesn't live here. They don't live here. 왼쪽→아랫방→나머지. 왼쪽→아랫방→너(they)

19. Do you like apples? 왼쪽→중간방→너

20. Does your mom like apples? 왼쪽→중간방→나머지

21. I don't(= do not) like apples. 왼쪽→아랫방→나

22. She likes apples. 왼쪽→윗방→나머지

23. She doesn't(= does not) like apples. 왼쪽→아랫방→나머지

24. Are you in school now? 오른쪽→중간방→너

25. I'm(= am) not in school now. 오른쪽→아랫방→나

26. Is he in school now? 오른쪽→중간방→나머지

27. He is in school now. 오른쪽→윗방→나머지

28. He is not in school now. 오른쪽→아랫방→나머지

29. They don't(= do not) like apples. 왼쪽→아랫방→너(they)

30. They are not in school now. 오른쪽→아랫방→너(they)

31. A: Do you clean your room everyday? 왼쪽→중간방→너
B: Yes, I do. 왼쪽→윗방→나

32. A: Does he clean his room everyday? 왼쪽→중간방→나머지
B: No, he doesn't. 왼쪽→아랫방→나머지

33. A: Does she clean her room everyday? 왼쪽→중간방→나머지
B: Yes, she does. 왼쪽→윗방→나머지

34. A: Do I clean this room? 왼쪽→중간방→나
Yes, I do. 왼쪽→윗방→나

35. A: Is this yours? 오른쪽→중간방→나머지
Yes, it is (yours). 오른쪽→윗방→나머지

36. A: Is this for me? 오른쪽→중간방→나머지
B: No, it isn't. 오른쪽→아랫방→나머지

37. A: Do we clean this room? 왼쪽→중간방→너(we)
Yes, we do. 오른쪽→윗방→너(we)

38. A: Are you near my house now? 오른쪽→중간방→너
B: No, I'm not. 오른쪽→아랫방→나

39. A: Is he near my house now? 오른쪽→중간방→나머지
Yes, he is. 오른쪽→윗방→나머지

40. A: Are they there now? 오른쪽→중간방→너(they)
Yes, they are. 오른쪽→윗방→너(they)

41. Go to school. 왼쪽→윗방→<너>

42. You are not going to school this Friday. 오른쪽→아랫방→너

43. You are going to school this Friday. 오른쪽→윗방→너

44. But, I'm not going to school this Friday. 오른쪽→아랫방→나

45. Don't go there. 왼쪽→아랫방→<너>

46. Be quiet! 오른쪽→윗방→<너>

47. You are a quiet girl. 오른쪽→윗방→너

48. Don't be shy. 오른쪽→아랫방→<너>

49. He is not so shy. 오른쪽→아랫방→나머지

50. Don't be noisy! 오른쪽→아랫방→<너>

51. I'm still here. 오른쪽→윗방→나

52. Are you still under there? 오른쪽→중간방→너

53. He isn't in that box. 오른쪽→아랫방→나머지

54. He doesn't play with me. 왼쪽→아랫방→나머지

55. He always plays with me. 왼쪽→윗방→나머지

56. She is not with me. 오른쪽→아랫방→나머지

57. Do you wonder about it? 왼쪽→중간방→너

58. Yes, She goes there. 왼쪽→윗방→나머지

59. Don't worry about me. 왼쪽→아랫방→<너>

60. Does mom worry about me? 왼쪽→중간방→나머지

61. I don't keep my pencils here. 왼쪽→아랫방→나

62. Keep the boxes here. 왼쪽→윗방→<너>

63. Does your dad work here? 왼쪽→중간방→나머지

64. No, he doesn't. 왼쪽→아랫방→나머지

65. Do I work every Friday? 왼쪽→중간방→나

66. Yes, you do. 왼쪽→윗방→너

67. Something is behind you. 오른쪽→윗방→나머지

68. Does the class begin soon? 왼쪽→중간방→나머지

69. He isn't with me. 오른쪽→아랫방→나머지

70. You are not my friend. 오른쪽→아랫방→너

71. He has a cat. 왼쪽→윗방→나머지

72. I have a cat too. 왼쪽→윗방→나

73. They have a cat. 왼쪽→윗방→너(they)

74. She doesn't have any brothers. 왼쪽→아랫방→나머지

75. I'm already here. 오른쪽→윗방→나

76. She walks to school everyday. 왼쪽→윗방→나머지

77. That is a ghost. 오른쪽→윗방→나머지

78. Do you see that ghost? 왼쪽→중간방→너

79. No, I don't. 왼쪽→아랫방→나

80. Does your teacher help you a lot? 왼쪽→중간방→나머지

81. He studies hard. 왼쪽→윗방→나머지

82. Study hard! 왼쪽→윗방→<너>

83. Don't study too much! 왼쪽→아랫방→<너>

84. Does she study hard? 왼쪽→중간방→나머지

85. She is in school now. 오른쪽→윗방→나머지

86. There is a school over that mountain. 오른쪽→윗방→나머지(a school)

87. There is nothing in the room. 왼쪽→윗방→나머지(nothing)

88. He never goes there. 왼쪽→윗방→나머지
= He doesn't ever go there. 왼쪽→아랫방→나머지

89. Is there a school near your house? 오른쪽→중간방→나머지(a school)

90. There is no school. 오른쪽→윗방→나머지(no school)

91. I need you. 왼쪽→윗방→나

92. Do they need you? 왼쪽→중간방→너(they)

93. I don't need so many pencils. 왼쪽→아랫방→나

94. Do you know me? 왼쪽→중간방→너

95. He doesn't know anything about this. 왼쪽→아랫방→나머지

96. Is the dog in this room? 오른쪽→중간방→나머지

97. He walks fast. 왼쪽→윗방→나머지

98. Walk behind me. 왼쪽→윗방→<너>

99. Keep going. 왼쪽→윗방→<너>

100. Wash your hands. 왼쪽→윗방→<너>

Practice 2 2단계 : 육하원칙 + 가장 작은 문장 1개

1. What is your name? 오른쪽→중간방→나머지

2. My name is ○○. 오른쪽→윗방→나머지

3. What does he like? 왼쪽→중간방→나머지

4. He likes apples. 왼쪽→윗방→나머지

5. Where is the apple? 오른쪽→중간방→나머지

6. It is on that table. 오른쪽→윗방→나머지

7. How are you? 오른쪽→중간방→너

8. I'm fine. 오른쪽→윗방→나

9. Where do you live? 왼쪽→중간방→너

10. I live near here. 왼쪽→윗방→나

11. How is your grandfather? 오른쪽→중간방→나머지

12. He is fine. 오른쪽→윗방→나머지

13. Why are you here this early? 오른쪽→중간방→너

14. … when you are here. 오른쪽→윗방→너

15. … when he does it. 왼쪽→윗방→나머지

16. How long is it? 오른쪽→중간방→나머지

17. How old are you? 오른쪽→중간방→너

18. I'm ten years old. 오른쪽→윗방→나

19. How old is your brother? 오른쪽→중간방→나머지

20. He is five years old. 오른쪽→윗방→나머지

21. How tall is she? 오른쪽→중간방→나머지

22. She is taller than me. 오른쪽→윗방→나머지

23. Who do you like more? 왼쪽→중간방→너

24. Which one is longer? 오른쪽→중간방→나머지(which one)

25. This is longer than that. 오른쪽→윗방→나머지

26. Who loves you most? 왼쪽→중간방→나머지(who)

27. My mom loves me. 왼쪽→윗방→나머지

28. Who do you like most? 왼쪽→중간방→너

29. When does she do her homework? 왼쪽→중간방→나머지

30. How fast is the car? 오른쪽→중간방→나머지

31. … because she studies hard. 왼쪽→윗방→나머지

32. … because I am not going to school today. 오른쪽→아랫방→나

33. … because he is not here. 오른쪽→아랫방→나머지

34. … because he is at home now. 오른쪽→윗방 →나머지

35. … because she doesn't go to school today. 왼쪽→아랫방→나머지

36. … because you are in school now. 오른쪽→윗방 →너

37. … because you are not in school now. 오른쪽→아랫방→너

38. … while you are in school. 오른쪽→윗방 →너

39. … while I'm in school. 오른쪽→윗방→나

40. … while she is in school. 오른쪽→윗방→나머지

41. … even though I'm not so healthy. 오른쪽→아랫방→나

42. … even though he is so healthy. 오른쪽→윗방→나머지

43. … if he doesn't like it here. 왼쪽→아랫방→나머지

44. … if he likes it here. 왼쪽→윗방→나머지

45. … before he goes to school. 왼쪽→윗방→나머지

46. … after he gives this to me. 왼쪽→윗방→나머지

47. … if they don't come again. 왼쪽→아랫방→너(they)

48. … than you do. 왼쪽→윗방→너

49. … unless you do it again. 왼쪽→윗방→너

50. … because he has it. 왼쪽→윗방→나머지

51. What time does the class begin? 왼쪽→중간방→나머지

52. When does this movie start? 왼쪽→중간방→나머지

53. How much is this? 오른쪽→중간방→나머지

54. How much money does he want? 왼쪽→중간방→나머지

55. How soon do I need this? 왼쪽→중간방→나

56. … how well you are doing. 오른쪽→윗방→너

57. How far is it from here? 오른쪽→중간방→나머지

58. … how far it is from here. 오른쪽→윗방→나머지

59. … how much water he drinks a day. 왼쪽→윗방→나머지

60. How much water do we drink a day? 왼쪽→중간방→너(we)

61. How easy this is! 오른쪽→윗방→나머지

62. How difficult is it? 오른쪽→중간방→나머지

63. What kind of person does he look like? 왼쪽→중간방→나머지

64. … what kind of person he looks like. 왼쪽→윗방→나머지

65. … how pretty I am. 오른쪽→윗방→나

66. How pretty is the flower? 오른쪽→중간방→나머지

67. How pretty are the flowers? 오른쪽→중간방→너(the flowers)

68. Who<m> are you doing this for? 오른쪽→중간방→너

69. How long does it take? 왼쪽→중간방→나머지

70. … how long it takes. 왼쪽→윗방→나머지

71. Who goes there? 왼쪽→중간방→나머지(who)

72. What is behind this box? 오른쪽→중간방→나머지(what)

73. … who goes there. 왼쪽→윗방→나머지(who)

74. … what is behind the box. 오른쪽→윗방→나머지(what)

75. Who is there? 오른쪽→중간방→나머지(who)

76. Who takes this bus? 왼쪽→중간방→나머지(who)

77. … who there is. 오른쪽→윗방→나머지(who)

78. … who takes this bus. 왼쪽→윗방→나머지(who)

79. Who wants to have this? 왼쪽→중간방→나머지(who)

80. Who does? 왼쪽→중간방→나머지(who)

81. What time do you usually go to bed? 왼쪽→중간방→너

82. What day <of the week> is it today? 오른쪽→중간방→나머지(it)

83. When do you get up in the morning? 왼쪽→중간방→너

84. Who of them is your brother? 오른쪽→중간방→나머지(who)
= Which is your brother among them? 오른쪽→중간방→나머지(which)

85. Why does he need this car? 왼쪽→중간방→나머지

86. How big is it? 오른쪽→중간방→나머지

87. … how big it is. 오른쪽→윗방→나머지

88. How do I use this? 왼쪽→중간방→나

89. … how he knows me. 왼쪽→윗방→나머지

90. How does he know? 왼쪽→중간방→나머지

91. … how it is going. 오른쪽→윗방→나머지

92. How is it going? 오른쪽→중간방→나머지

93. How is everything going? 오른쪽→중간방→나머지

94. How well is it going? 오른쪽→중간방→나머지

95. … how well the project is going. 오른쪽→윗방→나머지

96. … if you like it. 왼쪽→윗방→너

97. … if he likes it. 왼쪽→윗방→나머지

98. … if they study English hard. 왼쪽→윗방→너(they)

99. … even though you study English hard. 왼쪽→윗방→너

100. … even though he studies English hard. 왼쪽→윗방→나머지

Practice 3　3단계 : 「어순」을 잘 맞추어야 하는 문장

1. I'm going to school. 오른쪽→윗방→나
나는 (네가 뭐?)/이다 (뭔데?)/가는 중 (어디?)/쪽으로 (어디 쪽?)/학교.

2. Where are you going? 오른쪽→중간방→너
어디로 이니/네가 (내가 뭐?)/가는 중?

3. He isn't going to school now. 오른쪽→아랫방→나머지
그는 (그가 뭐?)/아니다 (뭐가 아닌데?)/ 가는 중 (어디?)/쪽으로 (어디 쪽?)/학교/지금.

4. He is in a shop near the corner. 오른쪽→윗방→나머지
그는 (그가 뭐?)/있다 (어디?)/ 속에 (어디 속?)/한 가게 (어디 말이야?)/근처 (뭐 근처?)/그 모퉁이.

5. The roof of the store is blue. 오른쪽→윗방→나머지(the roof)
그 지붕은 (무슨 지붕?)/의 (무엇의?)/그 가게 (아! 그게 뭐?)/이다 (뭔데?)/파란상태.

6. What color is the roof of the store? 오른쪽→중간방→나머지
무슨 색 이니 (뭐가?)/그 지붕 (무슨 지붕?)/ 의 (무엇의?)/그 가게?

7. He is fixing the roof of his store. 오른쪽→윗방→나머지
그는 (그가 뭐?)/이다 (뭔데?)/고치는 중 (뭘?)/그 지붕을 (무슨 지붕?)/의 (무엇의?)/그의 가게.

8. My uncle in Seoul is a fire fighter. 오른쪽→윗방→나머지(my uncle)
내 삼촌은 (어디 있는 삼촌?)/속에 (어디 속?)/서울 (아!그래 그런데?)/이다 (뭔데?)/한 소방관.

9. What does your uncle in Seoul do? 왼쪽→중간방→나머지(your uncle in Seoul)
무슨 일을 네 삼촌이…(어떤 삼촌?)/속에 (어디 속?)/서울 (아!그런데?)/하시니?

10. I know your uncle in Seoul. 왼쪽→윗방→나
난 (네가 뭐?)/ 안다 (누구를?)/네 삼촌을 (어떤?)/속에 (어디 속?)/서울.

11. Wash your hands before dinner. 왼쪽→윗방→<너>
씻어라 (뭘?)/네 손들을 (???※)/전에 (뭐 전에?)/저녁식사.

※ (???) 이 표시는 어순에 따라 질문을 해야 하는데, 여러 개의 질문이 가능한 경우에 하게 된다. 예를 들어 이 문장의 경우 (왜 씻어?), (어디서 씻어?), (언제 씻어?) 등등의 경우가 가능하다.

12. … before I go to school with him. 왼쪽→윗방→나
전에… (누가 어쩌기 전?)/내가 가기(=간다) (어디 가기 전?)/쪽 (어느 쪽?)/학교 (혼자?)/와 (누구와?)/그.

13. Does he work in that building across the street? 왼쪽→중간방→나머지
그가 일하니 (???)/속에서 (어디 속?)/저 건물 (무슨 건물?)/건너 (뭘 건너?)/그 길?

14. He works in that building across the street. 왼쪽→윗방→나머지
그는 (그가 뭐?)/일한다 (어디서?)/속 (어디 속?)/저 건물 (무슨 건물?)/건너 (뭘 건너?)/그 길.

15. Why is she at that shop across the street? 오른쪽→중간방→나머지
왜 있니/그녀가 (어디?)/에 (어디에?)/저 가게 (어디?)/건너 (뭘 건너?)/ 그 길?

16. Leave it on the desk in my room. 왼쪽→윗방→<너>
두고 가 (뭘?)/그것을 (어디?)/위에 (어디 위?)/그 책상(어디 있는 책상?)/속 (어디 속?)/내 방.

17. Who put this on the desk in her room? 왼쪽→중간방→나머지(who)
누가 놓았니 (뭘?)/이것을 (어디?)/위에 (어디 위?)/그 책상 (어디 책상?)/속 (어디 속?)/그녀의 방?

18. When do you both leave Korea? 왼쪽→중간방→너(you both)
언제 너희들 둘 다 떠나니 (무엇?)/한국을?

19. … if he goes to school with me. 왼쪽→윗방→나머지
만약 그가/간다면 (어디?)/쪽으로 (어디 쪽?)/학교 (혼자?)/같이 (누구 와?)/나.

20. Does he always go to school with this bag? 왼쪽→중간방→나머지
그가 항상 가니 (어디?)/쪽 (어디 쪽?)/학교(???)/갖고 (뭘 갖고?)/이 가방?

21. How much money do you spend a day? 왼쪽→중간방→너
얼마나 많은 돈을 너는 쓰니/〈에〉/하루?

22. How much money do I spend a day? 왼쪽→중간방→나
얼마나 많은 돈을 내가 쓰냐고/〈에〉/하루?

23. She never spends so much money a day. 왼쪽→윗방→나머지
그녀는/결코 쓰지 않아 (뭘?)/그토록 많은 돈을/〈에〉/하루.

24. I'm in front of my school. 오른쪽→윗방→나
난/있다 (어디에?)/속에 (어디 속?)/앞 (무엇 앞?)/의 (무엇의?)/내 학교.

25. … if no one is in front of the school. 오른쪽→윗방→나머지(no one)
만약 없는 사람이/있다면 (어디에?)/속에 (어디 속?)/앞 (무엇 앞?)/의 (무엇의?)/그 학교.

26. … if she isn't in front of the school. 오른쪽→아랫방→나머지
만약 그녀가/있지 않다면 (어디에?)/속에 (어디 속?)/의 (무엇의?)/그 학교.

27. How long are you going to stay in the city? 오른쪽→중간방→너
얼마나 오래 이니/너는 (내가 뭐?)/하는 중 (뭐하려고?)/머물려고 (어디서?)/속에 (어디 속?)/그 도시?

28. I'm going to stay for 3 days in the city. 오른쪽→윗방→나
나는/이다 (뭐인데?)/하는 중 (뭐하려고?)/머물려고/동안 (얼마 동안?)/3일 (어디서?)/속 (어디 속?)/그 도시.

29. She isn't going to stay so long in the city. 오른쪽→아랫방→나머지
그녀는/아니다 (뭐가 아닌데?)/하는 중/머물려고 (어느 정도?)/그토록 오랜 정도/속에서/그 도시.

30. The people in the city are in danger now. 오른쪽→윗방→너(The people)
그 사람들은 (어떤?)/속에 있는 (어디 속?)/그 도시 (아!그래서?)/있다 (어디?)/속에 (무엇 속?)/위험/지금.

31. Is there another garden at the other side of this building? 오른쪽→중간방→나머지
있니/거기에 (뭐가?)/또 다른 정원이/에 (어디에?)/그 다른 쪽/의 (무엇의?)/이 건물? (another garden)

32. She sleeps on the other bed in the room. 왼쪽→윗방→나머지
그녀는/잔다/위에서 (어디 위?)/그 다른 침대 (어디?)/속 (어디 속?)/그 방.

33. Both of them know about you. 왼쪽→윗방→너(both)
양쪽 다 (무슨 양쪽?)/의 (누구의?)/그들 (아!그런데?)/안다 (뭘?)/대해 (누구에 대해?)/너.

34. He looks like a good man. 왼쪽→윗방→나머지
그는/보인다 (어떻게?)/처럼 (뭐처럼?)/어떤 좋은 사람.

35. He doesn't look like a good man. 왼쪽→아랫방→나머지
그는/보이지 않는다 (어떻게?)/처럼 (뭐처럼?)/어떤 좋은 사람.

36. What does it look like? 왼쪽→중간방→나머지
처럼/무엇 그것이 보이니? = 무엇 그것이 보이니/처럼?

37. It is only three days till my birthday. 오른쪽→윗방→나머지
그것은/이다 (뭔데?)/단지 삼일 (삼일?)/까지 (뭐까지?)/내 생일.

38. What do you have in your left hand? 왼쪽→중간방→너
무엇을 넌 갖고 있니/속에 (어디 속?)/네 왼쪽 손?

39. …even though they are best friends with each other. 오른쪽→윗방→너(they)
심지어…불구하고 (뭐가 어쩜에도 불구하고?) 그들이/임에도 불구하고(=이다) (뭐임에도?)/최고의 친구들(???)/와 (누구와?)/서로서로.

40. When do we trade with them? 왼쪽→중간방→너(we)
언제 우리가 거래하지(???)/와 (누구와?)/그들?

41. When is she bringing everything on the list? 오른쪽→중간방→나머지
언제 이니/그녀가/가져오려고 하는 중 (뭘?)/모든 것을 (응?)/위에 있는 (어디 위?)/그 목록?

42. Do they have everything on the list? 왼쪽→중간방→너(they)
그들이 갖고 있니 (뭘?)/모든 것을 (응?)/위에 있는 (어디 위?)/그 목록?

43. These are all the books on the list. 오른쪽→윗방→너(these)
이것들이/이단다 (뭔데?)/모든 그 책들 (무슨 책?)/위에 있는 (어디 위?)/그 목록.

44. All the books on the list are about science. 오른쪽→윗방→너(all the books)
모든 그 책들은 (무슨 책)/위에 있는 (어디 위?)/그 목록 (아! 그게 어떻단 말야?)/이단다 (뭔데?)/대한 것 (뭐에 대한?)/과학.

45. What are all the books on the list about? 오른쪽→중간방→너(all the books)
…에 대한/무엇 이니/그 모든 책들이 (무슨 책?)/위에 있는 (어디 위?)/그 목록?
= 무엇 이니/그 모든 책들이 (무슨 책)/위에 있는 (어디 위?)/그 목록/에 대한?

46. Does he have all the books on the list? 왼쪽→중간방→나머지
그가 갖고 있니 (뭘?)/모든 그 책들을 (무슨 책?)/위에 있는 (어디 위?)/그 목록?

47. I have a present for your birthday. 왼쪽→윗방→나
난/갖고 있단다/한 선물을 (무슨 선물?)/위한 (뭘 위한?)/네 생일.

48. Is everyone in your class coming to your party? 오른쪽→중간방→나머지
이니/모두가 (누구?)/속에 있는 (뭐 속?)/네 반 (아!그래 뭐?)/오려는 중 (어디로?)/쪽으로 (어느쪽?)/네 파티?

49. Not everyone in my class is coming to my birthday party. 오른쪽→윗방→나머지
전부 다가 아닌 사람이 (누구?)/속에 있는 (뭐 속?)/내 반 (아!그런데?)/이다/오려는 중/에/내 생일파티.

50. Is everyone in your class in that room? 오른쪽→중간방→나머지
있니/각각 모두가 (누구?)/속에 있는 (어디 속?)/네 반 (아!)/속에 (어디 속?)/저 방?

51. Stick out your tongue. 왼쪽→윗방→<너>
내밀어 쑥 (뭘?)/네 혀를.

52. Don't stick out your tongue at anyone. 왼쪽→아랫방→<너>
내밀지마 쑥/네 혀를 (어디에다?)/에게 (누구?)/어떤 사람〈이든지〉.

53. Show it to the police man at that corner. 왼쪽→윗방→<너>
보여줘 (뭘?)/그것을 (누구에게?)/에게 (누구냐고?)/저 경찰(어디 있는?)/에 있는 (어디?)/저 코너.

54. All the books in that box are mine. 오른쪽→윗방→너(all the books)
모든 그 책들은 (무슨 책?)/속의/저 상자 (아!그게 뭔데?)/이다/내 것.

55. The books in the box are all mine. 오른쪽→윗방→너(the books)
그 책들은 (무슨 책?)/속의 (무엇 속?)/저 상자 (아!그래서?)/이다/모두 내 것.

56. Are the books in that box all yours? 오른쪽→중간방→너(the books)
이니/그 책들이 (무슨 책?)/속의/저 상자 (아!)/모두 네 것?

57. I want the book in that box. 왼쪽→윗방→나
나는/원한다 (뭘?)/그 책을 (무슨?)/속의/저 상자.

58. Whose books are those in that box? 오른쪽→중간방→너(those)
누구의 책들 이니 (뭐가?)/저것들이 (어디?)/속의 (뭐 속?)/저 상자?

59. What do you think of this dress? 왼쪽→중간방→너
<u>어떤 점을</u> 너는 떠올리니(???)/의 (무엇의?)/이 드레스?

60. What does she think of this dress? 왼쪽→중간방→나머지
<u>어떤 점을</u> 그녀가 떠올리니(???)/의 (무엇의?)/이 드레스?

61. I have a lot of food. 왼쪽→윗방→나
나는/갖고 있다 (뭘?)/한 뭉치를 (한 뭉치?)/의 (무엇의?)/음식.

62. He has a lot of money. 왼쪽→윗방→나머지
그는/갖고 있다 (뭘?)/한 뭉치를 (한 뭉치?)/의 (무엇의?)/돈.

63. Does he have a lot of money? 왼쪽→중간방→나머지
그가 갖고 있니 (뭘?)/한 뭉치를 (한 뭉치?)/의 (무엇의?)/돈?

64. She has a lot of ice-cream in this freezer. 왼쪽→윗방→나머지
그녀는/갖고 있다 (뭘?)/한 뭉치를 (어떤 한 뭉치?)/의 (무엇의?)/아이스크림/안에 (어디 안?)/이 냉동기.

65. There is a lot of ice-cream. 오른쪽→윗방→나머지(a lot)
거기엔/있다 (무엇이?)/한 뭉치가 (무슨 뭉치?)/의 (무엇의?)/아이스크림.

66. There is no ice-cream in the freezer. 오른쪽→윗방→나머지(no ice-cream)
거기에는/있다 (무엇이?)/없는 아이스크림 (어디?)/안 (어디 안?)/그 냉동기.

67. He likes ice-cream a lot. 왼쪽→윗방→나머지
그는/좋아한다 (무엇을?)/아이스크림을 (어느 정도?)/많이.

68. They both like ice-cream a lot. 왼쪽→윗방→너(they)
그들 둘 다는/좋아한다 (무엇을?)/아이스크림을 (어느 정도?)/많이.

69. Both of us study hard. 왼쪽→윗방→너(both)
양쪽 다는 (무슨 양쪽?)/의 (누구의?)/우리 (아! 그런데?)/공부한다/열심히.

70. Do both of them study hard? 왼쪽→중간방→너(both)
양쪽이 (무슨 양쪽?)/의 (누구의?)/그들 (아!그런데?) 공부하니(???)/열심히?

71. Think over it carefully! 왼쪽→윗방→<너> (=Think it over carefully!)
생각해라(???)/대해서 (뭐에 대해?)/그것/꼼꼼하게!

72. The game is over. 오른쪽→윗방→나머지
그 게임은/있다(???)/저 쪽.

73. Is the game over? 오른쪽→중간방→나머지
있니(???)/그 게임이(???)/저 쪽?

74. The game is not over. 오른쪽→아랫방→나머지
그 게임은/있지 않다/저 쪽.

75. Are you up for it? 오른쪽→중간방→너
이니/너는 (내가 뭐?)/up한 상태(???)/위해 (뭘 위해?)/그것?

76. She has her own house in the city. 왼쪽→윗방→나머지
그녀는/갖고 있다 (뭘?)/그녀 자신의 집을(???)/속에 (어디 속?)/그 도시.

77. This water comes down here all the way from up the mountain. 왼쪽→윗방→나머지
이 물은/온다 아래로(???)/여기로(???)/쭉(???)/…로부터 (어디로부터?)/저 위 (어디?)/그 산.

78. The water comes out of this cave. 왼쪽→윗방→나머지
그 물은/온다(???)/밖으로 (어디 밖?)/의 (무엇의?)/이 동굴.

79. Where does this water come from? 왼쪽→중간방→나머지
…로부터/어디 이 물 오니? = 어디 이 물이 오니/로부터?

80. This water is not from the cave. 오른쪽→아랫방→나머지
이 물은/이지 않다 (뭐이지 않는데?)/〈온 것〉/…로부터 (어디로부터?)/이 동굴.

81. He eats more than anyone else. 왼쪽→윗방→나머지
그는/먹는다(???)/더 많이(???)/보다 (누구보다?)/어떤 사람-그 밖의.

82. I eat less than anyone else. 왼쪽→윗방→나
나는/먹는다(???)/더 적게(???)/보다 (누구보다?)/어떤 사람-그 밖의.

83. I am as tall as you. 오른쪽→윗방→나
나는/이다(???)/정도 (어떤 정도?)/큰 정도(???)/만큼 (누구만큼?)/너.

84. I am not as tall as you. 오른쪽→아랫방→나
나는/아니다(???)/정도 (어떤 정도?)/큰 정도(???)/만큼 (누구만큼?)/너.

85. I have something to talk about. 왼쪽→윗방→나
나는/갖고 있다 (뭘?)/어떤 것을(???)/말할/대해서 (무엇에 대해?)/〈…〉.

86. She lives very far away from the school. 왼쪽→윗방→나머지
그녀는/산다 (어디?)/아주 멀리 떨어져서 (어디로부터?)/부터 (어디냐고)/그 학교.

87. How far away does she live from the school? 왼쪽→중간방→나머지
얼마나 멀리 떨어져 그녀가 사니/…로부터 (어디로부터?)/그 학교?

88. How far away do they live from the school? 왼쪽→중간방→너(they)
얼마나 멀리 떨어져 그들이 사니/…로부터 (어디로부터?)/그 학교?

89. How far away do you live from the school? 왼쪽→중간방→너
얼마나 멀리 떨어져 너는 사니/…로부터 (어디로부터?)/그 학교?

90. How far away are they from the school? 오른쪽→윗방→너(they)
얼마나 멀리 떨어져 있니/그들은/…로부터 (어디로부터?)/그 학교?

91. It is five to seven. 오른쪽→윗방→나머지
그것은 (그것?)/이다/5분(???)/쪽 (어디 쪽?)/7시.

92. It is five past seven. 오른쪽→윗방→나머지
그것은 (그것?)/이다 (뭔데?)/5분(???)/지난 (뭘 지난?)/7시.

93. She is on the way to school now. 오른쪽→윗방→나머지
그녀는/있다 (어디?)/위에 (어디 위?)/그 길 (어떤 길?)/쪽 (어디 쪽?)/학교/지금.

94. I'm not on the way to school now. 오른쪽→아랫방→나
나는/있지 않다/위에(???)/그 길 (어떤 길?)/〈가는〉쪽/학교/지금.

95. Do you see the blue spot on the wall? 왼쪽→중간방→너
너는 보이니 (뭐?)/그 파란 얼룩 (어디?)/위 (어디 위?)/그 벽?

96. Keep it a secret from him! 왼쪽→윗방→<너>
간직해라/그것을/〈로〉 (무엇으로?)/한 비밀/…로부터의 (누구로부터?)/그!

97. cheese is made from milk. 오른쪽→윗방→나머지
치즈는/이다 (뭔데?)/만들어진 상태(???)/…부터 (무엇으로부터?)/〈그 부분〉/〈의〉 (무엇의?)/우유.

98. Gary has a very big collection of books. 왼쪽→윗방→나머지
Gary는/갖고 있다 (뭘?)/매우 많이 모아놓은 것(???)/의 (무엇의?)/책들.

99. This is made of milk. 오른쪽→윗방→나머지
이것은/이다/만들어진 상태 (어떻게?)/〈으로〉/〈성분〉 (무슨 성분?)/의/우유.

100. Is this made of milk? 오른쪽→중간방→나머지
이니/이것이/만들어진 상태(???)/〈으로〉/〈성분〉/의/우유?

Practice 4 4단계 : 가장 작은 문장이 2개 이상

1. I think he is in school now. 왼쪽→윗방→나 // 오른쪽→윗방→나머지

2. I don't think he is in school now. 왼쪽→아랫방→나 // 오른쪽→윗방→나머지

3. He thinks you are in school now. 왼쪽→윗방→나머지 // 오른쪽→윗방→너

4. He doesn't think you are in school now. 왼쪽→아랫방→나머지 // 오른쪽→윗방→너

5. I think he isn't in school now. 왼쪽→윗방→나 // 오른쪽→아랫방→나머지

6. He thinks you are not in school now. 왼쪽→윗방→나머지 // 오른쪽→아랫방→너

7. He thinks I'm not in school now. 왼쪽→윗방→나머지 // 오른쪽→아랫방→나

8. Do you think he is in school now? 왼쪽→중간방→너 // 오른쪽→윗방→나머지

9. Does he think you are in school now? 왼쪽→중간방→나머지 // 오른쪽→윗방→너

10. Does he think I'm not in school now? 왼쪽→중간방→나머지 // 오른쪽→아랫방→나

11. I know where he is. 왼쪽→윗방→나 // 오른쪽→윗방→나머지

12. I don't know where he is. 왼쪽→아랫방→나 // 오른쪽→윗방→나머지

13. Does he know where I am? 왼쪽→중간방→나머지 // 오른쪽→윗방→나

14. He doesn't know where you are. 왼쪽→아랫방→나머지 // 오른쪽→윗방→너

15. They know where I am. 왼쪽→윗방→너(they) // 오른쪽→윗방→나

16. They don't know where I am. 왼쪽→아랫방→너(they) // 오른쪽→윗방→나

17. I know where he goes. 왼쪽→윗방→나 // 왼쪽→윗방→나머지

18. He doesn't know where I go. 왼쪽→아랫방→나머지 // 왼쪽→윗방→나

19. Does she know where you go? 왼쪽→중간방→나머지 // 왼쪽→윗방→너

20. Doesn't she know where you go? 왼쪽→중간방→나머지 // 왼쪽→윗방→너

21. Tell me where you live. 왼쪽→윗방→<너> // 왼쪽→윗방→너

22. Don't tell me that I'm not your friend. 왼쪽→아랫방→<너> // 오른쪽→아랫방→나

23. I hope it is true. 왼쪽→윗방→나 // 오른쪽→윗방→나머지

24. He acts like he is better than everyone else. 왼쪽→윗방→나머지 // 오른쪽→윗방→나머지

25. She doesn't look like she wants it. 왼쪽→아랫방→나머지 // 왼쪽→윗방→나머지

26. Does she look like she wants it? 왼쪽→중간방→나머지 // 왼쪽→윗방→나머지

27. Tell me what it is. 왼쪽→윗방→<너> // 오른쪽→윗방→나머지

28. She is my best friend and lives here. 오른쪽→윗방→나머지 // 왼쪽→윗방→<나머지>

29. I wonder who he is. 왼쪽→윗방→나 // 오른쪽→윗방→나머지

30. She knows exactly what she wants. 왼쪽→윗방→나머지 // 왼쪽→윗방→나머지

31. She doesn't live here, does she? 왼쪽→아랫방→나머지 // 왼쪽→중간방→나머지

32. She lives here, doesn't she? 왼쪽→윗방→나머지 // 왼쪽→중간방→나머지

33. He isn't in school now, is he? 오른쪽→아랫방→나머지 // 오른쪽→중간방→나머지

34. She is in school now, isn't she? 오른쪽→윗방→나머지 // 오른쪽→중간방→나머지

35. You like this, don't you? 왼쪽→윗방→너 // 왼쪽→중간방→너

36. You don't like this, do you? 왼쪽→아랫방→너 // 왼쪽→중간방→너

37. I look like an actor, don't I? 왼쪽→윗방→나 // 왼쪽→중간방→나

38. You think so, don't you? 왼쪽→윗방→너 // 왼쪽→중간방→너

39. You don't think so, do you? 왼쪽→아랫방→너 // 왼쪽→중간방→너

40. They don't think so either, do they? 왼쪽→아랫방→너(they) // 왼쪽→중간방→너(they)

41. He is taller than I am. 오른쪽→윗방→나머지 // 오른쪽→윗방→나

42. He isn't taller than I am. 오른쪽→아랫방→나머지 // 오른쪽→윗방→나

43. Is he taller than I am? 오른쪽→중간방→나머지 // 오른쪽→윗방→나

44. He has more pencils than I have. 왼쪽→윗방→나머지 // 왼쪽→윗방→나

45. Does he have more pencils than I have? 왼쪽→중간방→나머지 // 왼쪽→윗방→나

46. He likes dogs as much as I do. 왼쪽→윗방→나머지 // 왼쪽→윗방→나

47. Do you like dogs as much as I do? 왼쪽→중간방→너 // 왼쪽→윗방→나

48. I like dogs as much as you do. 왼쪽→윗방→나 // 왼쪽→윗방→너

49. I wonder what kind of person he is. 왼쪽→윗방→나 // 오른쪽→윗방→나머지

50. I hope it is the truth. 왼쪽→윗방→나 // 오른쪽→윗방→나머지
(= I hope it is true.)

51. If you don't go there, I won't either. 왼쪽→아랫방→너 // 왼쪽→아랫방→나

52. If he goes there, I will go too. 왼쪽→윗방→나머지 // 왼쪽→윗방→나

53. Ask him if it is true. 왼쪽→윗방→<너> // 오른쪽→윗방→나머지

54. They wonder if he is at home. 왼쪽→윗방→너(they) // 오른쪽→윗방→나머지
    = They are wondering if he is at home. 오른쪽→윗방→너(they) // 오른쪽→윗방→나머지

55. If I don't do it, what happens? 왼쪽→아랫방→나 // 왼쪽→중간방→나머지(what)
    = If I don't do it, what will happen?

56. Do you wonder what it is? 왼쪽→중간방→너 // 오른쪽→윗방→나머지

57. If you want to (do it), do it. 왼쪽→윗방→너 // 왼쪽→윗방→<너>

58. It is true he is ill. 오른쪽→윗방→나머지 // 오른쪽→윗방→나머지

59. Is it true he isn't ill? 오른쪽→중간방→나머지 // 오른쪽→아랫방→나머지

60. Because he is ill, he stays at home. 오른쪽→윗방→나머지 // 왼쪽→윗방→나머지

61. Who do you think lives there? 왼쪽→윗방→나머지(who) // 왼쪽→중간방→너

62. I think Mr. Song lives there. 왼쪽→윗방→나 // 왼쪽→윗방→나머지

63. How much does your mom think it is? 오른쪽→윗방→나머지 // 왼쪽→중간방→나머지

64. What do you think you are doing? 오른쪽→윗방→너 // 왼쪽→중간방→너

65. I know what I'm doing. 왼쪽→윗방→나 // 오른쪽→윗방→나

66. I like apples but he doesn't. 왼쪽→윗방→나 // 왼쪽→아랫방→나머지

67. I like apples but my mom doesn't. 왼쪽→윗방→나 // 왼쪽→아랫방→나머지

68. He is in the room and she is outside the room. 오른쪽→윗방→나머지 //
오른쪽→윗방→나머지

69. Your apple is big but mine isn't. 오른쪽→윗방→나머지 // 오른쪽→아랫방→나머지

70. I like this, what do you think? 왼쪽→윗방→나 // 왼쪽→중간방→너

71. Tell me which of these is yours. 왼쪽→윗방→<너> // 오른쪽→윗방→나머지(which)

72. I don't know which of these is mine. 왼쪽→아랫방→나 // 오른쪽→윗방→나머지(which)

73. Don't you know which of these is yours? 왼쪽→중간방→너 // 오른쪽→윗방→나머지(which)

74. I know what kind of shoes she wants. 왼쪽→윗방→나 // 왼쪽→윗방→나머지(she)

75. Do you know what kind of shoes she wants? 왼쪽→중간방→너 // 왼쪽→윗방→나머지

76. He knows what kind of shoes she wants. 왼쪽→윗방→나머지 // 왼쪽→윗방→나머지

77. He doesn't know what kind of shoes she wants. 왼쪽→아랫방→나머지 //
왼쪽→윗방→나머지

78. I wonder what he looks like. 왼쪽→윗방→나 // 왼쪽→윗방→나머지

79. Don't you wonder what he looks like? 왼쪽→중간방→너 // 왼쪽→윗방→나머지

80. You wonder what he looks like, don't you? 왼쪽→윗방→너 // 왼쪽→윗방→나머지 //
왼쪽→중간방→너

81. Even though they are best friends, Jessica and Elizabeth don't always like the same things. 오른쪽→윗방→너 (they) // 왼쪽→아랫방→너(Jessica and Elizabeth)

82. Pull it out if you want. 왼쪽→윗방→<너> // 왼쪽→윗방→너

83. I hope he likes the school. 왼쪽→윗방→나 // 왼쪽→윗방→나머지

84. Don't worry, the test isn't hard. 왼쪽→아랫방→<너> // 오른쪽→아랫방→나머지

85. I think the test is hard. 왼쪽→윗방→나 // 오른쪽→윗방→나머지

86. She knows I eat more than anyone else. 왼쪽→윗방→나머지 // 왼쪽→윗방→나

87. She says she is taller than anyone else in her class. 왼쪽→윗방→나머지 //
오른쪽→윗방→나머지

88. He works and sleeps here. 왼쪽→윗방→나머지(왼쪽→윗방→나머지)

89. They say they always go everywhere together. 왼쪽→윗방→너(they) // 왼쪽→윗방→너(they)

90. Elizabeth doesn't know what the secret is. 왼쪽→아랫방→나머지 // 오른쪽→윗방→나머지

91. I know she lives two miles away from here. 왼쪽→윗방→나 // 왼쪽→윗방→나머지

92. Do you know how far away she lives from here? 왼쪽→중간방→너 // 왼쪽→윗방→나머지

93. All the kids in my class know he lives here. 왼쪽→윗방→너(All the kids) //
왼쪽→윗방→나머지

94. She never tells where she lives. 왼쪽→윗방→나머지 // 왼쪽→윗방→나머지

95. You turn around and say "shh!". 왼쪽→윗방→너 // 왼쪽→윗방→<너>

96. You fold the newspaper up and put it on his desk. 왼쪽→윗방→너 // 왼쪽→윗방→<너>

97. Waiting for the birthday present is almost as much fun as the party itself.
오른쪽→윗방→나머지(Waiting)

98. It is as much fun as you think. 오른쪽→윗방→나머지 // 왼쪽→윗방→너

99. When you get to the store, call me. 왼쪽→윗방→너 // 왼쪽→윗방→<너>

100. As soon as I get to the store, should I call you? 왼쪽→윗방→나 // 왼쪽→중간방→나
=shall

Practice 5 5단계 : 「O · X」의 의미, 「과거」 표현법, 그리고 「미래」 등을 표현하는 문장

1. What time do you get up in the morning? 왼쪽→중간방→너

2. What time did you get up yesterday morning? 왼쪽→중간방→너

3. What time are you going to get up tomorrow morning? 오른쪽→중간방→너

4. What time does she get up in the morning? 왼쪽→중간방→나머지

5. What time did she get up yesterday morning? 왼쪽→중간방→나머지

6. What time is she going to get up tomorrow morning? 오른쪽→중간방→나머지

7. I don't get up early in the morning. 왼쪽→아랫방→나

8. I didn't get up early yesterday morning. 왼쪽→아랫방→나

9. I can't get up so early tomorrow morning. 왼쪽→아랫방→나

10. You will get up early tomorrow morning. 왼쪽→윗방→너

11. Is he here? 오른쪽→중간방→나머지

12. Where was he? 오른쪽→중간방→나머지

13. Will he be here this evening? 오른쪽→중간방→나머지

14. I'm here. 오른쪽→윗방→나

15. I was there. 오른쪽→윗방→나

16. I will be here tomorrow. 오른쪽→윗방→나

17. She isn't at home now. 오른쪽→아랫방→나머지

18. She wasn't there yesterday. 오른쪽→아랫방→나머지

19. She will not be there tomorrow. 오른쪽→아랫방→나머지

20. Who was in the room? 오른쪽→중간방→나머지(who)

21. Will the test be so hard? 오른쪽→중간방→나머지

22. Did you make this? 왼쪽→중간방→너

23. Can you make this? 왼쪽→중간방→너

24. I couldn't make it. 왼쪽→아랫방→나

25. Did you do your homework? 왼쪽→중간방→너

26. … if you made it. 왼쪽→윗방→너

27. … if you didn't make it. 왼쪽→아랫방→너

28. … if it was true. 오른쪽→윗방→나머지

29. … if it was not true. 오른쪽→아랫방→나머지

30. I will do my homework. 왼쪽→윗방→나

31. I think he will be at home tomorrow. 왼쪽→윗방→나 // 오른쪽→윗방→나머지

32. I thought he was at home. 왼쪽→윗방→나 // 오른쪽→윗방→나머지

33. I didn't think he was at home. 왼쪽→아랫방→나 // 오른쪽→윗방→나머지

34. I think he wasn't at home. 왼쪽→윗방→나 // 오른쪽→아랫방→나머지

35. Where did you think she would be? 오른쪽→윗방→나머지 // 왼쪽→중간방→너

36. Where did you think she was? 오른쪽→윗방→나머지 // 왼쪽→중간방→너

37. Did you think you could do it? 왼쪽→중간방→너 // 왼쪽→윗방→너

38. How long do you think it will take? 왼쪽→윗방→나머지 // 왼쪽→중간방→너

39. How long did you think it would take? 왼쪽→윗방→나머지 // 왼쪽→중간방→너

40. I didn't think it would take so long. 왼쪽→아랫방→나 // 왼쪽→윗방→나머지

41. We will be back at four-thirty. 오른쪽→윗방→너(We)

42. What time will you come back? 왼쪽→중간방→너

43. Did he say he would come at four-thirty? 왼쪽→중간방→나머지 // 왼쪽→윗방→나머지

44. They came back at four-thirty. 왼쪽→윗방→너(They)

45. I couldn't figure out what the secret was. 왼쪽→아랫방→나 // 오른쪽→윗방→나머지

46. Did you figure out what the secret was? 왼쪽→중간방→너 // 오른쪽→윗방→나머지

47. Tell me what it was. 왼쪽→윗방→<너> // 오른쪽→윗방→나머지

48. Don't tell him what it was. 왼쪽→아랫방→<너> // 오른쪽→윗방→나머지

49. Did you tell him what it was? 왼쪽→중간방→너 // 오른쪽→윗방→나머지

50. I will not tell him about it. 왼쪽→아랫방→나

51. She giggled again. 왼쪽→윗방→나머지

52. What did he say to her? 왼쪽→중간방→나머지

53. Amy was her best friend after Jessica. 오른쪽→윗방→나머지

54. Who was your best friend after Amy? 오른쪽→중간방→나머지(Who)

55. She hoped Jessica would tell her later. 왼쪽→윗방→나머지 // 왼쪽→윗방→나머지

56. Ron sat behind her. 왼쪽→윗방→나머지

57. Who was behind her? 오른쪽→중간방→나머지(Who)

58. I knew who was behind her. 왼쪽→윗방→나 // 오른쪽→윗방→나머지(who)

59. Did you know who was behind her? 왼쪽→중간방→너 // 오른쪽→윗방→나머지(who)

60. Did you know who would sit behind her? 왼쪽→중간방→너 // 왼쪽→윗방→나머지(who)

61. What did the teacher say it was? 오른쪽→윗방→나머지 // 왼쪽→중간방→나머지

62. What did he say she looked like? 왼쪽→윗방→나머지 // 왼쪽→중간방→나머지

63. What do you think I could do for it? 왼쪽→윗방→나 // 왼쪽→중간방→너

64. Why do you think he was there? 오른쪽→윗방→나머지 // 왼쪽→중간방→너

65. What did you say the name of the man was? 오른쪽→윗방→나머지(the name) // 왼쪽→중간방→너

66. Who did you say would be in the room? 오른쪽→윗방→나머지(who) // 왼쪽→중간방→너

67. When did she say she would be back? 오른쪽→윗방→나머지 // 왼쪽→중간방→나머지

68. Didn't she say she'd be back soon? 왼쪽→중간방→나머지 // 오른쪽→윗방→나머지
= she would

69. Why does she think he didn't go there? 왼쪽→중간방→나머지 // 왼쪽→아랫방→나머지

70. What did you say you saw there? 왼쪽→윗방→너 // 왼쪽→중간방→너

71. She asked, "Do you like this?". 왼쪽→윗방→나머지 // 왼쪽→중간방→너

72. She told him, "But I like it". 왼쪽→윗방→나머지 // 왼쪽→윗방→나

73. Did she tell him she (liked 또는 likes) it? 왼쪽→중간방→나머지 // 왼쪽→윗방→나머지
= enjoyed

74. When did she tell him she (liked 또는 likes) it? 왼쪽→중간방→나머지 // 왼쪽→윗방→나머지
= enjoyed

75. Don't you think it is beautiful? 왼쪽→중간방→너 // 오른쪽→윗방→나머지

76. How beautiful did you think it was? 오른쪽→윗방→나머지 // 왼쪽→중간방→너

77. At last, it was Friday. 오른쪽→윗방→나머지

78. She asked, "Will you be my partner?". 왼쪽→윗방→나머지 // 오른쪽→중간방→너

79. She asked him if he would be her partner. 왼쪽→윗방→나머지 // 오른쪽→윗방→나머지

80. When she smiled, there was chocolate between her teeth.
왼쪽→윗방→나머지 // 오른쪽→윗방→나머지(chocolate)

81. They went to modern dance classes after school on Tuesdays. 왼쪽→윗방→너(They)

82. I knew they went to modern dance classes on Tuesdays.
왼쪽→윗방→나 // 왼쪽→윗방→너(They)

83. I don't think they will go there this afternoon. 왼쪽→아랫방→나 // 왼쪽→윗방→너(They)

84. He came over when he saw me. 왼쪽→윗방→나머지 // 왼쪽→윗방→나머지

85. I don't know if they saw me or not.
왼쪽→아랫방→나 // 왼쪽→윗방→너(They) // 왼쪽→아랫방→너(They)

86. Elizabeth laughed as she pointed at her loose tooth.
왼쪽→윗방→나머지 // 왼쪽→윗방→나머지

87. What did she say as she pointed at her loose tooth?
왼쪽→중간방→나머지 // 왼쪽→윗방→나머지

88. She laughed as she saw it. 왼쪽→윗방→나머지 // 왼쪽→윗방→나머지

89. She asked him, "Is that good?" 왼쪽→윗방→나머지 // 오른쪽→중간방→나머지

90. She asked wether it was for him or not.
= wether or not it was for him.
왼쪽→윗방→나머지 // 오른쪽→윗방→나머지 // 오른쪽→아랫방→(나머지)

91. I could see they liked it. 왼쪽→윗방→나 // 왼쪽→윗방→너(they)

92. Did you see how much he liked it? 왼쪽→중간방→너 // 왼쪽→윗방→나머지

93. I know what they saw in the room. 왼쪽→윗방→나 // 왼쪽→윗방→너(they)

94. They don't know what I saw in the room. 왼쪽→아랫방→너(they) // 왼쪽→윗방→나

95. He asked, "Will you help me?" 왼쪽→윗방→나머지 // 왼쪽→중간방→너

96. He asked me if I could help him or not.
왼쪽→윗방→나머지 // 왼쪽→윗방→나 // 왼쪽→아랫방→나

97. She giggled again but she covered her mouth with her hands quickly.
왼쪽→윗방→나머지 // 왼쪽→윗방→나머지

98. She asked her sister, "Which one should we open first?"
왼쪽→윗방→나머지 // 왼쪽→중간방→너(we)

99. She told him, "Open it and see!" 왼쪽→윗방→나머지 // 왼쪽→윗방→<너> // 왼쪽→윗방→<너>

100. It was a notebook with a picture of a cute hamster on it. 오른쪽→윗방→나머지

Practice 6 6단계 : 「동작변신」이 있는 문장

1. Where do you want to go tomorrow? 왼쪽→중간방→너

2. I want to go to your house. 왼쪽→윗방→나

3. Where did you want to go? 왼쪽→중간방→너

4. She didn't want to go there. 왼쪽→아랫방→나머지

5. Do you want to be here? 왼쪽→중간방→너

6. Did he want to be here? 왼쪽→중간방→나머지

7. He was going to school. 오른쪽→윗방→나머지

8. I was going to go to school. 오른쪽→윗방→나

9. I will be going to school at this time tomorrow. 오른쪽→윗방→나

10. She doesn't want to go to school. 왼쪽→아랫방→나머지

11. I want to know where she is now. 왼쪽→윗방→나 // 오른쪽→윗방→나머지

12. Do you think she is going to school now? 왼쪽→중간방→너 // 오른쪽→윗방→나머지

13. I didn't want to know where he was. 왼쪽→아랫방→나 // 오른쪽→윗방→나머지

14. I want to know what she wants for her birthday. 왼쪽→윗방→나 // 왼쪽→윗방→나머지

15. Does he know what she wants for her birthday? 왼쪽→중간방→나머지 // 왼쪽→윗방→나머지

16. She didn't want to say why she didn't want to be there.
왼쪽→아랫방→나머지 // 왼쪽→아랫방→나머지

17. I am going to a store across the street to buy a gift for her. 오른쪽→윗방→나

18. I knew who the boy wanted to be with. 왼쪽→윗방→나 // 왼쪽→윗방→나머지

19. Don't you want to know why I picked this? 왼쪽→중간방→너 // 왼쪽→윗방→나

20. I want to know when she goes there. 왼쪽→윗방→나 // 왼쪽→윗방→나머지

21. She had a feeling that something good was about to happen.
왼쪽→윗방→나머지 // 오른쪽→윗방→나머지

22. Is it already time to get up? 오른쪽→중간방→나머지

23. Being twins was fun. 오른쪽→윗방→나머지(being)

24. I knew what she was going to say. 왼쪽→윗방→나 // 오른쪽→윗방→나머지

25. I could tell what she was thinking. 왼쪽→윗방→나 // 오른쪽→윗방→나머지

26. You can do it. 왼쪽→윗방→너

27. You will be able to do it someday. 오른쪽→윗방→너

28. She was looking for her yellow sweat shirt. 오른쪽→윗방→나머지

29. What were you looking for? 오른쪽→중간방→너

30. I think she was looking for you. 왼쪽→윗방→나 // 오른쪽→윗방→나머지

31. She stood in front of the mirror pinning her hair back. 왼쪽→윗방→나머지

32. A group of girls was standing outside the classroom. 오른쪽→윗방→나머지(a group)

33. She wanted to join in with them, but she couldn't.
왼쪽→윗방→나머지 // 왼쪽→아랫방→나머지

34. She always loves to tease him. 왼쪽→윗방→나머지
= teasing

35. She couldn't wait until Saturday to find out what her present was.
왼쪽→아랫방→나머지 // 오른쪽→윗방→나머지

36. Do you know what she was going to get you? 왼쪽→중간방→너 // 오른쪽→윗방→나머지

37. She had a two-page birthday list including a guitar. 왼쪽→윗방→나머지

38. Who were you talking to? 오른쪽→중간방→너

39. She was running to take the seat. 오른쪽→윗방→나머지

40. When he bent over to pick it up, his glasses fell off.
왼쪽→윗방→나머지 // 왼쪽→윗방→너(his glasses)

41. Did the teacher already begin to review last night's homework?
왼쪽→중간방→나머지

42. Yes, she began to. 왼쪽→윗방→나머지

43. She seemed to know every answer. 왼쪽→윗방→나머지

44. Did she seem to know every answer? 왼쪽→중간방→나머지

45. She has to go. 왼쪽→윗방→나머지

46. He had to go. 왼쪽→윗방→나머지

47. Do you have to go to school now? 왼쪽→중간방→너

48. I don't have to go to school. 왼쪽→아랫방→나

49. She had to get her best present than ever before. 왼쪽→윗방→나머지

50. I only want to know why he had to go there. 왼쪽→윗방→나 // 왼쪽→윗방→나머지

51. It is going to be so much fun. 오른쪽→윗방→나머지
(= It will be so much fun.)

52. Who would want to go to a dumb girls' party? 왼쪽→중간방→나머지(who)

53. You will have to put the ball in there. 왼쪽→윗방→너

54. It was going to happen any day. 오른쪽→윗방→나머지

55. They stopped to wait for the school bus. 왼쪽→윗방→너(they)

56. It has to be a special present. 왼쪽→윗방→나머지

57. They knew exactly what to serve for their birthday party. 왼쪽→윗방→너(they)

58. She nodded without turning her head. 왼쪽→윗방→나머지

59. He sat down at the table and started to gulp up his orange juice.
왼쪽→윗방→나머지 // 왼쪽→윗방→<나머지>

60. She didn't feel like reading any more. 왼쪽→아랫방→나머지

61. Why did she try to keep a secret from him? 왼쪽→중간방→나머지

62. She was trying to see the back of her shirt by twisting her neck.
오른쪽→윗방→나머지

63. I am not going to tell you. 오른쪽→아랫방→나

64. "Jessica!", he said, "no talking please!" 왼쪽→윗방→나머지(he)

65. She liked to have a lot of people around her. 왼쪽→윗방→나머지
= having

66. Waiting for birthday presents was almost as much fun as the party itself.
오른쪽→윗방→나머지(Waiting)

67. She had a hard time choosing between the dog and the cat for her birthday.
왼쪽→윗방→나머지

68. We are starving. 오른쪽→윗방→너(we)

69. We will go shopping tomorrow. 왼쪽→윗방→너(we)

70. Enjoy your shopping! 왼쪽→윗방→<너>

71. When did he start to work for the school? 왼쪽→중간방→나머지

72. What is it like to work in a company? 오른쪽→중간방→나머지

73. Does he enjoy reading? 왼쪽→중간방→나머지

74. He suggested going to the park. 왼쪽→윗방→나머지

75. Suddenly, everyone stopped talking. 왼쪽→윗방→나머지
(*everyone = 1사람씩 모두이므로 여러 명이 아님)

76. He tried to avoid answering my question. 왼쪽→윗방→나머지

77. When I was on holiday, I enjoyed not having to get up early.
오른쪽→윗방→나 // 왼쪽→윗방→나

78. She doesn't want to retire, she wants to carry on working.
왼쪽→아랫방→나머지 // 왼쪽→윗방→나머지

79. Why doesn't she want to retire? 왼쪽→중간방→나머지

80. Why does she want to retire? 왼쪽→중간방→나머지

81. Are you thinking of buying a car? 오른쪽→중간방→너

82. We expected to be late. 왼쪽→윗방→너(We)

83. They don't allow parking in front of the building. 왼쪽→아랫방→너(they)

84. Why is he delaying his decision? 오른쪽→중간방→나머지
(Why does he delay his decision-making?) 왼쪽→중간방→나머지

85. I denied making that decision. 왼쪽→윗방→나

86. I dislike watching TV too much. 왼쪽→윗방→나

87. He escaped going to prison. 왼쪽→윗방→나머지

88. I will finish watching the movie later. 왼쪽→윗방→나

89. He keeps interrupting me. 왼쪽→윗방→나머지

90. Didn't you know stealing is illegal? 왼쪽→중간방→너 // 오른쪽→윗방→나머지

91. I look forward to getting married. 왼쪽→윗방→나

92. I miss eating my mom's cooking. 왼쪽→윗방→나

93. I suggest doing it later. 왼쪽→윗방→나

94. I agreed to drop him at home. 왼쪽→윗방→나

95. I decided to come to Korea. 왼쪽→윗방→나

96. I failed to find what I wanted. 왼쪽→윗방→나 // 왼쪽→윗방→나

97. I succeeded in saving money. 왼쪽→윗방→나

98. I promised to be home by midnight. 왼쪽→윗방→나

99. I threatened to hit him. 왼쪽→윗방→나

100. I refused to eat that. 왼쪽→윗방→나

Practice 7 7단계 : 「동작」과 「상태」를 잘 구별해야 하는 문장

1. Isn't that great? 오른쪽→중간방→나머지

2. It's not great. 오른쪽→아랫방→나머지

3. Yes, it is great. 오른쪽→윗방→나머지

4. She opened her eyes wide. 왼쪽→윗방→나머지

5. Jessica is noisy and Elizabeth is quiet. 오른쪽→윗방→나머지 // 오른쪽→윗방→나머지

6. Is he your favorite friend? 오른쪽→중간방→나머지

7. She was better than everyone else. 오른쪽→윗방→나머지

8. A girl named Ellen went there. 왼쪽→윗방→나머지(a girl)

9. The party was planned for Saturday. 오른쪽→윗방→나머지

10. Wasn't the party planned for Saturday? 오른쪽→중간방→나머지

11. The party, planned for Saturday, was cancelled. 오른쪽→윗방→나머지
    = is

12. Why was the party planned for Saturday, cancelled? 오른쪽→중간방→나머지

13. It is something good. 오른쪽→윗방→나머지

14. I have something good for you here. 왼쪽→윗방→나

15. He didn't have anything to eat. 왼쪽→아랫방→나머지

16. I don't have enough money to live. 왼쪽→아랫방→나

17. I love you. 왼쪽→윗방→나

18. The prince fell in love with her. 왼쪽→윗방→나머지

19. She is fond of children. 오른쪽→윗방→나머지

20. The children are not loved by others. 오른쪽→아랫방→너(the children)

21. It was terrible. 오른쪽→윗방→나머지

22. She felt terrible. 왼쪽→윗방→나머지

23. Was it terrible? 오른쪽→중간방→나머지

24. Did you feel terrible? 왼쪽→중간방→너

25. You look pale. 왼쪽→윗방→너

26. Do I look pale? 왼쪽→중간방→나

27. She doesn't look pale. 왼쪽→아랫방→나머지

28. She wanted to look pale. 왼쪽→윗방→나머지

29. Why did she want to be pale? 왼쪽→중간방→나머지
= look pale?

30. She turned pale at the sight. 왼쪽→윗방→나머지

31. It is very interesting. 오른쪽→윗방→나머지

32. Was it very interesting? 오른쪽→중간방→나머지

33. I feel very interested now. 왼쪽→윗방→나

34. You are very excited about your birthday party, aren't you?
오른쪽→윗방→너 // 오른쪽→중간방→너

35. I'm excited about my birthday party now. 오른쪽→윗방→나

36. I'm excited about English much more than before. 오른쪽→윗방→나

37. I'm getting more and more excited about it. 오른쪽→윗방→나

38. Did you get excited about it? 왼쪽→중간방→너

39. I'm not excited. 오른쪽→아랫방→나

40. Don't get excited. 왼쪽→아랫방→<너>

41. Everyone in my whole class was invited. 오른쪽→윗방→나머지

42. Did you invite all of them over there? 왼쪽→중간방→너

43. Did all of them get invited? 왼쪽→중간방→너(all)
(= Are all of them invited?) 오른쪽→중간방→너(all)

44. I have invited him to the party. 오른쪽→윗방→나
(*have는 원래 왼쪽에 있으나 끝난 상태 앞에 있는 have는 오른쪽에서처럼 행동함)

45. They are invited here now. 오른쪽→윗방→너(they)

46. I'm trying to get invited to the party. 오른쪽→윗방→나

47. Do you want to invite him to the party too? 왼쪽→중간방→너

48. Does he want to be invited to the party? 왼쪽→중간방→나머지

49. It is a big thing itself to be invited to the party. 오른쪽→윗방→나머지

50. Have you ever been invited there? 오른쪽→중간방→너

51. It is blue. 오른쪽→윗방→나머지

52. He is rich. 오른쪽→윗방→나머지

53. It might be blue. 오른쪽→윗방→나머지

54. It can't be blue. 오른쪽→아랫방→나머지

55. It must be blue. 오른쪽→윗방→나머지

56. It has to be blue. 왼쪽→윗방→나머지

57. Why does it have to be blue? 왼쪽→중간방→나머지

58. I want the blue one. 왼쪽→윗방→나

59. He wants something blue. 왼쪽→윗방→나머지

60. It was a blue color. 오른쪽→윗방→나머지

61. He is left-handed. 오른쪽→윗방→나머지

62. She is talented. 오른쪽→윗방→나머지

63. They lived on the island, cut off from the world. 왼쪽→윗방→너(They)

64. He is cut out for the job. 오른쪽→윗방→나머지

65. Where were you born? 오른쪽→중간방→너

66. Was he born in Korea? 오른쪽→중간방→나머지

67. No, he wasn't born in Korea. 오른쪽→아랫방→나머지

68. She is standing in front of the wall-sized mirror now. 오른쪽→윗방→나머지

69. I don't eat more than you. 왼쪽→아랫방→나

70. Does she eat more than you? 왼쪽→중간방→나머지

71. I think he will agree, but I am not sure. 왼쪽→윗방→나 // 왼쪽→윗방→나머지 // 오른쪽→아랫방→나

72. Are you quite sure about the number? 오른쪽→중간방→너

73. The General was not sure that he could defeat the enemy.
오른쪽→아랫방→나머지 // 왼쪽→윗방→나머지

74. He is sure to come. 오른쪽→윗방→나머지

75. I am sure he will come. 오른쪽→윗방→나 // 왼쪽→윗방→나머지

76. Be sure to close the window. 오른쪽→윗방→<너>

77. You had better make sure which is your car. 왼쪽(make)→윗방→너 // 오른쪽→윗방→나머지
*make는 왼쪽에 있으며 had better는 「~다」로 끝나는 단어 앞에 온다.

78. He will surely succeed. 왼쪽→윗방→나머지

79. She made sure the teacher was looking the other way.
왼쪽→윗방→나머지 // 오른쪽→윗방→나머지

80. Did you make sure he was not in the room? 왼쪽→중간방→너 // 오른쪽→아랫방→나머지

81. She could see the sky through the tangled branches. 왼쪽→윗방→나머지

82. "I wouldn't want to be here again. It's so damp." 왼쪽→아랫방→나 // 오른쪽→윗방→나머지

83. She was supposed to sleep at her grandmother's house. 오른쪽→윗방→나머지

84. What time am I supposed to be here? 오른쪽→중간방→나

85. The supposed prince turned out to be a begger. 왼쪽→윗방→나머지

86. He was quite puzzled about what to do next. 오른쪽→윗방→나머지

87. She was puzzled about which way to go. 오른쪽→윗방→나머지

88. She asked in a puzzled voice. 왼쪽→윗방→나머지

89. Jessica's mouth dropped open. 왼쪽→윗방→나머지

90. "Well, maybe." She didn't sound very positive. 왼쪽→아랫방→나머지

91. They each had a large zippered bag. 왼쪽→윗방→너(they)

92. They were right on time for their dance class. 오른쪽→윗방→너(they)

93. They went into the crowded room. 왼쪽→윗방→너(they)

94. Her cheeks started to turn pink. 왼쪽→윗방→너(her cheeks)

95. I have never seen it before. 오른쪽→윗방→나

96. Maybe she's afraid she'll be homesick. 오른쪽→윗방→나머지 // 오른쪽→윗방→나머지

97. What are you afraid of? 오른쪽→중간방→너

98. I am afraid of the dark. 오른쪽→윗방→나

99. The bed is wet. 오른쪽→윗방→나머지

100. Do you wet your bed? 왼쪽→중간방→너

Practice 8 8단계 : 「상황에 적절한 시간」을 생각해야 되는 문장

1. I go to school five days a week. 왼쪽→윗방→나

2. I went to school yesterday. 왼쪽→윗방→나

3. I am going to school now. 오른쪽→윗방→나

4. I will go to school tomorrow. 왼쪽→윗방→나

5. I am going to go to school soon. 오른쪽→윗방→나

6. I was going to school at that time. 오른쪽→윗방→나

7. You can go now. 왼쪽→윗방→너

8. You will be able to go soon. 오른쪽→윗방→너

9. He has gone to school already. 오른쪽→윗방→나머지

10. He had gone out before I came. 오른쪽→윗방→나머지 // 왼쪽→윗방→나

11. Did you play computer games yesterday? 왼쪽→중간방→너

12. Will you play computer games again tomorrow? 왼쪽→중간방→너

13. Have you ever played computer games? 오른쪽→중간방→너

14. I have never played computer games. 오른쪽→윗방→나

15. I play computer games all the time. 왼쪽→윗방→나

16. Computer games are played across the world. 오른쪽→윗방→너

17. Computer games have been played across the world for a long time.
오른쪽→윗방→너

18. The game is not popular any more. 오른쪽→아랫방→나머지

19. After I had played computer games for an hour, I went home.
오른쪽→윗방→나 // 왼쪽→윗방→나

20. I should not have played computer games. 오른쪽→아랫방→나

21. Send it to me. 왼쪽→윗방→<너>

22. Has he sent it to you already? 오른쪽→중간방→나머지

23. He has not sent it to me yet. 오른쪽→아랫방→나머지

24. You should send it as soon as possible. 왼쪽→윗방→너

25. You should have sent it as soon as possible. 오른쪽→윗방→너

26. She had sent it here before I called her. 오른쪽→윗방→나머지 // 왼쪽→윗방→나

27. He must have sent it already. 오른쪽→윗방→나머지

28. So, it must be being sent on the ship. 오른쪽→윗방→나머지

29. So, it must be on the way to the island on a ship. 오른쪽→윗방→나머지

30. It should have been sent there but, it is here now. 오른쪽→윗방→나머지 //
오른쪽→윗방→나머지

31. Some snakes don't eat frogs. 왼쪽→아랫방→너(some snakes)

32. Some snakes are eating the frogs. 오른쪽→윗방→너

33. The snake ate the frog. 왼쪽→윗방→나머지

34. I ate an ice-cream earlier. 왼쪽→윗방→나

35. The snake was about to eat the frog. 오른쪽→윗방→나머지

36. I don't eat red meat. 왼쪽→아랫방→나

37. I don't want to eat the red meat. 왼쪽→아랫방→나

38. You must eat red meat. 왼쪽→윗방→너

39. You had to eat red meat. 왼쪽→윗방→너

40. He must be eating something. 오른쪽→윗방→나머지

41. I was going to school when I saw it. 오른쪽→윗방→나 // 왼쪽→윗방→나

42. Can I go with you to the store? 왼쪽→중간방→나

43. I will be able to go there with you after I finish this.
오른쪽→윗방→나 // 왼쪽→윗방→나

44. Would it be ok if I go with you? 오른쪽→중간방→나머지 // 왼쪽→윗방→나

45. I should not have gone there without you. It was such a dangerous place.
오른쪽→아랫방→나 // 오른쪽→윗방→나머지

46. If I had gone there without you, I would have been in trouble.
오른쪽→윗방→나 // 오른쪽→윗방→나

47. Did you have to go there alone? 왼쪽→중간방→너

48. Shall we go now? What do you say? 왼쪽→중간방→너(we) // 왼쪽→중간방→너

49. Who will go if you don't? 왼쪽→중간방→나머지(who) // 왼쪽→아랫방→너
*Who would go if you would not? 네가 안 가려하면 누가 가겠니?
감정 감정

50. Please, don't go! 왼쪽→아랫방→<너>

51. "Are you home now?" "No, I am not, but I was at home an hour ago."
오른쪽→중간방→너 // 오른쪽→아랫방→나 // 오른쪽→윗방→나

52. Have you been to the island before?""Yes, I have. I enjoyed myself when I was there." 오른쪽→중간방→너 // 오른쪽→윗방→나 // 왼쪽→윗방→나 // 오른쪽→윗방→나

53. I had been there before you. 오른쪽→윗방→나

54. He doesn't have to be at the party if he doesn't want to.
왼쪽→아랫방→나머지 // 왼쪽→아랫방→나머지

55. I had been in such big trouble before you got there.
오른쪽→윗방→나 // 왼쪽→윗방→너

56. Be happy! 오른쪽→윗방→<너>

57. I will never be happier than I am now. 오른쪽→윗방→나 // 오른쪽→윗방→나

58. He has been happy for a long time since then. 오른쪽→윗방→나머지

59. She must have been happy. As far as I knew she was <happy>.
오른쪽→윗방→나머지 // 왼쪽→윗방→나 // 오른쪽→윗방→나머지

60. Do you think I could be happier than I am now?
왼쪽→중간방→너 // 오른쪽→윗방→나 // 오른쪽→윗방→나

61. I have been reading a book for over three hours. 오른쪽→윗방→나

62. I had been reading a book for over three hours when she came to my house to visit me. 오른쪽→윗방→나 // 왼쪽→윗방→나머지

63. "Mom, can you read a book to me?" 왼쪽→중간방→너

64. How long had she been reading? 오른쪽→중간방→나머지

65. He might be reading now. 오른쪽→윗방→나머지
= He may be reading now. 오른쪽→윗방→나머지
= Maybe he is reading now. 오른쪽→윗방→나머지

66. He might have been reading at that time. 오른쪽→윗방→나머지

67. I don't think he could have read so many books. 왼쪽→아랫방→나 // 오른쪽→윗방→나머지
He is only 6 years old. 오른쪽→윗방→나머지

68. I wouldn't have read so many books if you hadn't advised me to.
오른쪽→아랫방→나 // 오른쪽→아랫방→너

69. You must read as many books as you can. 왼쪽→윗방→너 // 왼쪽→윗방→너

70. You should have read as many books as you could have.
오른쪽→윗방→너 // 오른쪽→윗방→너

71. I heard of the animal from one of my friends yesterday. 왼쪽→윗방→나

72. I have just heard about it, just in time for the interview. 오른쪽→윗방→나

73. Where did you hear about the ship? 왼쪽→중간방→너

74. "Haven't you heard? He is coming here." = He is planning on coming.
= is going to come 오른쪽→중간방→너 //오른쪽→윗방→나머지

75. "No, I haven't. Why is he coming here?" 오른쪽→아랫방→나 // 오른쪽→중간방→나머지

76. It's been heard, all around here, that he was going to come.
오른쪽→윗방→나머지 // 오른쪽→윗방→나머지

77. She didn't know what to do when she heard about it.
왼쪽→아랫방→나머지 // 왼쪽→윗방→나머지

78. She must have known what it meant when she heard about it.
오른쪽→윗방→나머지 // 왼쪽→윗방→나머지 // 왼쪽→윗방→나머지

79. Why didn't you tell me the thing as soon as you heard about it?
왼쪽→중간방→너 // 왼쪽→윗방→너

80. Do you hear me? 왼쪽→중간방→너

81. Do you think you can go there alone at night? 왼쪽→중간방→너 // 왼쪽→윗방→너

82. Could you go there for me? 왼쪽→중간방→너

83. If I were you, I wouldn't go alone. 오른쪽→윗방→나 // 왼쪽→아랫방→나

84. If I had been you, I wouldn't have gone there either. 오른쪽→윗방→나 // 오른쪽→아랫방→나

85. If I were in your shoes, I would go. 오른쪽→윗방→나 // 왼쪽→윗방→나

86. If she were to our school, that would be the best thing in the whole world.
오른쪽→윗방→나머지 // 오른쪽→윗방→나/머지

87. If she comes to school again, I will welcome her. 왼쪽→윗방→나머지 // 왼쪽→윗방→나

88. I wish I could be a writer someday. 왼쪽→윗방→나 // 오른쪽→윗방→나

89. She wished he had read one of her stories. 왼쪽→윗방→나머지 // 오른쪽→윗방→나머지

90. She believed school was made for whispering with friends and for playing during recess. 왼쪽→윗방→나머지 // 오른쪽→윗방→나머지

91. Jessica joked that her favorite class was lunch. 왼쪽→윗방→나머지 // 오른쪽→윗방→나머지

92. "I didn't think I would fall asleep but I did." she said.
왼쪽→아랫방→나 // 왼쪽→윗방→나 // 왼쪽→윗방→나 // 왼쪽→윗방→나머지

93. He asked if she could come visit our class sometimes.

왼쪽→윗방→나머지 // 왼쪽→윗방→나머지

94. He was going to school on his bicycle. 오른쪽→윗방→나머지

95. He rode his bicycle to school. 왼쪽→윗방→나머지

96. Jennifer is having a party at her home this evening. 오른쪽→윗방→나머지

97. He has never seen snow. 오른쪽→윗방→나머지

98. He had never seen snow until last week. 오른쪽→윗방→나머지

99. I remembered how angry Lila had become when the boys had teased her at lunch. 왼쪽→윗방→나 // 오른쪽→윗방→나머지 // 오른쪽→윗방→너(the boys)

100. He had spent a lot of money already when I saw him last night.

오른쪽→윗방→나머지 // 왼쪽→윗방→나

Practice 9 9단계 : 두 개의 가장 작은 문장들이 1개로 합쳐진 문장

1. I expected them to be late. 왼쪽→윗방→나
   = I expected <that> they would be late. 왼쪽→윗방→나 // 오른쪽→윗방→너(they)

2. Do you expect them to be late? 왼쪽→중간방→너
   = Do you expect <that> they will be late? 왼쪽→중간방→너 // 오른쪽→윗방→너(they)

3. She didn't expect him to be so late. 왼쪽→아랫방→나머지
   = She didn't expect <that> he would be so late. 왼쪽→아랫방→나머지 // 오른쪽→윗방→나머지

4. He doesn't want anyone to know about the ship. 왼쪽→아랫방→나머지

5. Do you want them to live here? 왼쪽→중간방→너

6. No one wants him to live here. 왼쪽→윗방→나머지

7. Does she want me to go there? 왼쪽→중간방→나머지

8. Can you help me move this table? 왼쪽→중간방→너

9. Do you think she can help me move this table? 왼쪽→중간방→너 // 왼쪽→윗방→나머지

10. They don't allow people to park in front of the building. 왼쪽→아랫방→너(They)

11. He warned me not to touch the switch. 왼쪽→윗방→나머지

12. She suggested that you should ask his advice. 왼쪽→윗방→나머지 // 왼쪽→윗방→너

13. She told me to ask your advice. 왼쪽→윗방→나머지

14. Can you remind me to phone him tomorrow? 왼쪽→중간방→너

15. Remind him to go see a doctor tomorrow. 왼쪽→윗방→<너>

16. Who taught you to drive? 왼쪽→중간방→나머지(who)

17. My dad taught me to. 왼쪽→윗방→나머지

18. I didn't move it by myself, I got someone to help me.
왼쪽→아랫방→나 // 왼쪽→윗방→나

19. He ordered me to go there alone. 왼쪽→윗방→나머지

20. Who forced him to leave his country? 왼쪽→중간방→나머지(who)

21. I saw her playing there. 왼쪽→윗방→나

22. I saw Kate waiting for a bus. 왼쪽→윗방→나

23. I found him doing something there. 왼쪽→윗방→나

24. Listen to the birds singing. 왼쪽→윗방→<너>

25. Can you smell something burning? 왼쪽→중간방→너

26. I found Sue in my room reading my letter. 왼쪽→윗방→나

27. I will not have you standing in this rain. 왼쪽→아랫방→나

28. She was trying to get a knot out of her hair. 오른쪽→윗방→나머지

29. Elizabeth felt her cheeks get hot. 왼쪽→윗방→나머지

30. She took the dusters to the window and clapped them together to get the chalk dust out. 왼쪽→윗방→나머지 // 왼쪽→윗방→<나머지>

31. I made him promise that he wouldn't tell anybody what happened.
= not to tell
왼쪽→윗방→나 // 왼쪽→아랫방→나머지 // 왼쪽→윗방→나머지(그것이)

32. What made him stop smoking? 왼쪽→중간방→나머지(what)

33. Hot weather makes me feel tired. 왼쪽→윗방→나머지

34. Let me carry your bag for you. 왼쪽→윗방→<너>

35. She helps visitors see the exhibits in the museum. 왼쪽→윗방→나머지

36. This dress always makes you look good. 왼쪽→윗방→나머지

37. Did you have him fix the chair? 왼쪽→중간방→너

38. Please, let me know when the classes begin. 왼쪽→윗방→<너> // 왼쪽→윗방→너(the classes)

39. Let him do what he wants to. 왼쪽→윗방→<너> // 왼쪽→윗방→나머지

40. Let's go home at once, shall we? 왼쪽→윗방→<너> // 왼쪽→중간방→너(we)

41. She had the roof repaired. 왼쪽→윗방→나머지

42. Did you have those curtains made? 왼쪽→중간방→너

43. Where did you have your hair cut? 왼쪽→중간방→너
*Where did you cut your hair?가 되면 가위 들고 본인이 자기 머리카락을 자른 상황이 된다.

44. I think you should have that coat cleaned. 왼쪽→윗방→나 // 왼쪽→윗방→너

45. I don't like having my photograph taken. 왼쪽→아랫방→나

46. I found the book easy. 왼쪽→윗방→나

47. This answer made him angry. 왼쪽→윗방→나머지

48. How did the prince make her happy? 왼쪽→중간방→나머지

49. Flowers make our rooms cheerful. 왼쪽→윗방→너(flowers)

50. I had my composition corrected by the teacher. 왼쪽→윗방→나

51. "Did you see her blonde hair peeking out of the sleeping bag?" 왼쪽→중간방→너

52. I am having my tooth removed next week. 오른쪽→윗방→나

53. The strange noise made Amy sit up very fast. "Who's there?" she called.
왼쪽→윗방→나머지 // 오른쪽→중간방→나머지(who) // 왼쪽→윗방→나머지

54. "And I'll pick one person to help the writer with the autographing." she said.
왼쪽→윗방→나 // 왼쪽→윗방→나머지

55. "Let's go back to sleep now, ok?" she said. 왼쪽→윗방→<너> // 왼쪽→윗방→나머지

56. Dogs like having their coats brushed. 왼쪽→윗방→너(dogs)

57. If I have a hamburger to eat, I feel sick. 왼쪽→윗방→나 // 왼쪽→윗방→나

58. She found him studying in the library. 왼쪽→윗방→나머지

59. I waited for her to get on the bus. 왼쪽→윗방→나

60. She didn't want Lila to know that. 왼쪽→아랫방→나머지

61. The computer was broken but I had it fixed. 오른쪽→윗방→나머지 // 왼쪽→윗방→나

62. She wondered what woke her up. 왼쪽→윗방→나머지 // 왼쪽→윗방→나머지(what)

63. He knew he could trust Elizabeth to keep his secret.
왼쪽→윗방→나머지 // 왼쪽→윗방→나머지

= He knew he could trust that Elizabeth would keep his secret.
왼쪽→윗방→나머지 // 왼쪽→윗방→나머지 // 왼쪽→윗방→나머지

64. Push the door open. 왼쪽→윗방→<너>

65. Did you make this chair to help me get around? 왼쪽→중간방→너

66. You can use this chair to help yourself go anywhere? 왼쪽→윗방→너

67. Please, let me go. 왼쪽→윗방→<너>

68. I will let you know when I have finished the project. 왼쪽→윗방→나 // 오른쪽→윗방→나

69. The mom called her son back inside. 왼쪽→윗방→나머지

70. Could you call him back inside the house for me? 왼쪽→중간방→너

71. These guide dogs are well trained to help blind people get around.
오른쪽→윗방→너(these guide dogs)

72. The dog was trying to keep the child from crossing the road alone.
오른쪽→윗방→나머지

73. There was always a danger of the small wooden houses in the field being blown over in such a big storm. 오른쪽→윗방→나머지(a danger)

74. Did they allow you to see inside the temple? 왼쪽→중간방→너(they)

75. Christmas is a public holiday observed in many countries. 오른쪽→윗방→나머지

76. The medicine made me feel a lot better. 왼쪽→윗방→나머지

77. Have you ever watched your parents play chess at home? 오른쪽→중간방→너

78. My mom will never allow me to play outside in this rain. 왼쪽→윗방→나머지

79. How long does it take for the sprouts to grow? 왼쪽→중간방→나머지

80. It takes up to five days for the sprouts to grow. 왼쪽→윗방→나머지

81. If a guide dog is told to lead a blind person across the street just as a speeding truck is approaching, it will keep the person from stepping into the road. 오른쪽→윗방→나머지 // 오른쪽→윗방→나머지 // 왼쪽→윗방→나머지

82. The king told one of his men to kill the hunter. 왼쪽→윗방→나머지

83. Who told you to help me in this matter? 왼쪽→중간방→나머지(who)

84. Let her go. 왼쪽→윗방→<너>

85. They made him their king. 왼쪽→윗방→너(they)

86. Let's consider the trash left behind after a fireworks display. 왼쪽→윗방→<너>

87. There is a proposal to make students do 10 hours of volunteer work each semester. 오른쪽→윗방→나머지(a proposal)

88. Some people argue that the proposal is forcing people to volunteer, and therefore are not volunteering at all.
왼쪽→윗방→너(some people) // 오른쪽→윗방→나머지 // 오른쪽→아랫방→너(they)

89. When you help someone else, it makes you feel better about yourself.
왼쪽→윗방→너 // 왼쪽→윗방→나머지

90. You have the power to make people's lives better. 왼쪽→윗방→너

91. Volunteering will help students become more understanding and caring toward others. 왼쪽→윗방→나머지

92. The mirrors in department stores make people walk slower and look at their images in the mirror. 왼쪽→윗방→너(the mirrors)

93. When someone tells you about a problem, he or she expects you to listen and to discuss it with him or her. 왼쪽→윗방→나머지 // 왼쪽→윗방→나머지

94. The law requires all planes to install a flight recorder called 'black box'.
왼쪽→윗방→나머지

95. We have looked into your complaint about the bus leaving ahead of schedule last Friday. 오른쪽→윗방→너(we)

96. The driver has been given an official warning not to leave early again.
오른쪽→윗방→나머지

97. He lives in a small shack built of straw and bamboo. 왼쪽→윗방→나머지

98. I could hear kids in class starting to whisper. 왼쪽→윗방→나

99. The teacher decided to let them take the test on the following day.
왼쪽→윗방→나머지

100. The first problem was an easy question worth 5 points. 오른쪽→윗방→나머지

Practice 10 10단계 : 「설명하기 위한 가장 작은 문장」을 끼워 넣은 문장

1. The woman who lives next door is a doctor.
오른쪽→윗방→나머지 (왼쪽→윗방→나머지 The woman을 설명)

2. Who lives next door? 왼쪽→중간방→나머지(Who)

3. Do you know who lives next door? 왼쪽→중간방→너 // 왼쪽→윗방→나머지

4. The woman I saw lives next door. 왼쪽→윗방→나머지 (왼쪽→윗방→나 The woman을 설명)

5. Is this machine which is broken down, yours?
오른쪽→중간방→나머지 (오른쪽→윗방→나머지 this machine을 설명)

6. She is an attentive student who reads a lot of books.
오른쪽→윗방→나머지 (왼쪽→윗방→나머지 an attentive student를 설명)

7. Who is that girl in the class room? 오른쪽→중간방→나머지

8. Is it something you want? 오른쪽→중간방→나머지 (왼쪽→윗방→너 something을 설명)

9. She ran over to Charlie who was in his class.
왼쪽→윗방→나머지 (오른쪽→윗방→나머지 Charlie를 설명)

10. It had to be something everyone liked.
왼쪽→윗방→나머지 (왼쪽→윗방→나머지 something을 설명)

11. It's what I am thinking about now. 오른쪽→윗방→나머지 (오른쪽→윗방→나 *「그것」을 설명)

12. It is not what I think about you. 오른쪽→아랫방→나머지 (왼쪽→윗방→나 *「그것」을 설명)

13. What are you thinking about? 오른쪽→중간방→너

14. It's what I want. 오른쪽→윗방→나머지 (왼쪽→윗방→나 *「그것」을 설명)

15. It isn't what I want. 오른쪽→아랫방→나머지 (왼쪽→윗방→나 *「그것」을 설명)

16. What is the yellow thing you put on the desk?

오른쪽→중간방→나머지 (왼쪽→윗방→너 *the yellow thing을 설명)

17. Do you know what I put on the desk? 왼쪽→중간방→너 // 왼쪽→윗방→나

18. Who knows what day it is? 왼쪽→중간방→나머지 // 오른쪽→윗방→나머지

19. What day is it that you can go visit him? 오른쪽→중간방→나머지 // 왼쪽→윗방→너

20. I was thinking about the present you gave me.

오른쪽→윗방→나 (왼쪽→윗방→너 *the present를 설명)

21. Information that was once only available to a few, is now available to anyone.

오른쪽→윗방→나머지 (오른쪽→윗방→나머지 *Information을 설명)

22. I will give you as much money as you need.

왼쪽→윗방→나 (왼쪽→윗방→너 as much money를 설명)

23. Was it clear that he was not so tall? 오른쪽→중간방→나머지 // 오른쪽→아랫방→나머지

24. What happened to that? 왼쪽→중간방→나머지

25. This is the same watch <as> I lost yesterday.

오른쪽→윗방→나머지 (왼쪽→윗방→나 *the same watch를 설명)

26. This is the story I'm interested in. 오른쪽→윗방→나머지 (오른쪽→윗방→나 *the story를 설명)

27. Tennis is the sport I'm fond of. 오른쪽→윗방→나머지 (오른쪽→윗방→나 *the sport를 설명)

28. Did you see the toy he played with? 왼쪽→중간방→너 (왼쪽→윗방→나머지 *the toy를 설명)

29. Is this the toy he played with? 오른쪽→중간방→나머지 (왼쪽→윗방→나머지 *the toy를 설명)

30. This is not the toy he played with. 오른쪽→아랫방→나머지 (왼쪽→윗방→나머지 *the toy를 설명)

31. This is the man whose house burned down.

오른쪽→윗방→나머지 (왼쪽→윗방→나머지 *the man을 설명)

32. First, help the people whose houses burned down.
왼쪽→윗방→<너> (왼쪽→윗방→너 *the people을 설명)

33. What's the name of the boy whose money you borrowed?
오른쪽→중간방→나머지 (왼쪽→윗방→너 *the boy를 설명)

34. I met a boy who knows you. 왼쪽→윗방→나 (왼쪽→윗방→나머지 *a boy를 설명)

35. I met a girl whose sister knows you. 왼쪽→윗방→나 (왼쪽→윗방→나머지 *a girl을 설명)

36. The woman I wanted to see was away.
오른쪽→윗방→나머지 (왼쪽→윗방→나 *the woman을 설명)

37. The people I work with are very nice. 오른쪽→윗방→너 (왼쪽→윗방→나)

38. The restaurant where I saw her is that one.
오른쪽→윗방→나머지 (왼쪽→윗방→나 *the restaurant를 설명)

39. The last time I saw her, she was in a restaurant. 왼쪽→윗방→나 // 오른쪽→윗방→나머지
= When I saw her last time, she was in a restaurant.

40. She has two sons, both of whom are teachers.
왼쪽→윗방→나머지 (오른쪽→윗방→너 *two sons를 설명)

41. This is the dog I was telling you about.
오른쪽→윗방→나머지 (오른쪽→윗방→나 *the dog을 설명)

42. Here is the dog that had puppies recently.
오른쪽→윗방→나머지 (왼쪽→윗방→나머지 *the dog을 설명)

43. He is the man that kicked the dog. 오른쪽→윗방→나머지 (왼쪽→윗방→나머지 *the man을 설명)

44. That is the dog that bit my friend. 오른쪽→윗방→나머지 (왼쪽→윗방→나머지 *the dog을 설명)

45. This is the dog that bites, be careful.
오른쪽→윗방→나머지 (왼쪽→윗방→나머지 *the dog을 설명) // 오른쪽→윗방→<너>

46. She said that her classmates were friendly. 왼쪽→윗방→나머지 // 오른쪽→윗방→너

47. He doesn't like them because they are nasty. 왼쪽→아랫방→나머지 // 오른쪽→윗방→너

48. Which of these boys stole the pen? 왼쪽→중간방→나머지

49. I think it is he who stole it. 왼쪽→윗방→나 // 오른쪽→윗방→나머지 (왼쪽→윗방→나머지 *he를 설명)

50. The woman who is away, is the one I wanted to talk to.
오른쪽→윗방→나머지 (오른쪽→윗방→나머지 *The woman을 설명)
(왼쪽→윗방→나 the one을 설명)

51. Which is your favorite subject at school? 오른쪽→중간방→나머지

52. Doing this is something that comes as naturally as chewing bubble gum.
오른쪽→윗방→나머지 (왼쪽→윗방→나머지 *something을 설명)

53. You know what to do, don't you? 왼쪽→윗방→너 // 왼쪽→중간방→너

54. Is it something that is harmful to people?
오른쪽→중간방→나머지 (오른쪽→윗방→나머지 *something을 설명)

55. Antibodies fight the germs that cause illness.
왼쪽→윗방→너 (왼쪽→윗방→너 *the germs를 설명)

56. There are people who talk or even sometimes walk while sleeping.
오른쪽→윗방→너 (왼쪽→윗방→너 *people을 설명)

57. Cremona, the town he lived in, was a place where violins were manufactured.
오른쪽→윗방→나머지 (왼쪽→윗방→나머지 *the town을 설명)
(오른쪽→윗방→너 *a place를 설명)

58. Do you have a robot that can speak Korean instead of English?
왼쪽→중간방→너 (왼쪽→윗방→나머지 *a robot을 설명)

59. I only want a robot that cooks for me at home.
왼쪽→윗방→나 (왼쪽→윗방→나머지 *a robot을 설명)

60. The advice that had been given to the king was this.
오른쪽→윗방→나머지 (오른쪽→윗방→나머지 *The advice를 설명)

61. The woman <who was> in the school was my mom.
오른쪽→윗방→나머지 (오른쪽→윗방→나머지 *The woman을 설명)

62. The children threw coins on anyone who was walking down the street.
왼쪽→윗방→너 (오른쪽→윗방→나머지 *anyone을 설명)

63. Christmas is a time that is spent with family and friends.
오른쪽→윗방→나머지 (오른쪽→윗방→나머지 *a time을 설명)

64. Who is the person you wanted to see?
오른쪽→중간방→나머지 (왼쪽→윗방→너 *the person을 설명)

65. Knowing his days were short, he decided to talk about everything he knew.
왼쪽→윗방→<나머지> // 오른쪽→윗방→너 // 왼쪽→윗방→나머지 (왼쪽→윗방→나머지 *everything을 설명)

66. Give life everything you've got, and life will give its best back to you.
= have got
왼쪽→윗방→<너> (오른쪽→윗방→너 *everything을 설명) // 왼쪽→윗방→나머지

67. The man, stuck in the middle of the narrow passage, didn't know what to do next 왼쪽→아랫방→나머지

68. They can't buy new cages, so maybe that's <the reason> why there are so many birds in the cage. 왼쪽→아랫방→너 // 오른쪽→윗방→나머지 (오른쪽→윗방→너 *「그 이유」를 설명)

69. Imagine a beetle that is so bright you can use it at night instead of a candle.
왼쪽→윗방→<너> (오른쪽→윗방→나머지 // 왼쪽→윗방→너 *a beetle을 설명)

70. Have you ever seen an insect that can swim in the water?
오른쪽→중간방→너 (왼쪽→윗방→나머지 *an insect를 설명)

71. My little cousin has a stuffed tiger she doesn't like. I could give it to you.
왼쪽→윗방→나머지 (왼쪽→아랫방→나머지 *a stuffed tiger를 설명) // 왼쪽→윗방→나

72. There was a king named Bumb in England. 오른쪽→윗방→나머지

73. Have you ever heard of a king named Bumb in England? 오른쪽→중간방→너

74. Just think about the price we pay for just a few minutes of fun.

왼쪽→윗방→<너> (왼쪽→윗방→너 *the price를 설명)

75. Fireworks contain chemicals that are harmful to the environment.

왼쪽→윗방→너 (오른쪽→윗방→너 *chemicals를 설명)

76. These chemicals pollute the air we breathe and the water we drink.

왼쪽→윗방→너 (왼쪽→윗방→너 *the air를 설명) (왼쪽→윗방→너 *the water를 설명)

77. One would expect that those who set off the fireworks would pick up the trash afterwards, but they rarely do.

왼쪽→윗방→나머지 // 왼쪽→윗방→너 (왼쪽→윗방→너 *those를 설명) // 왼쪽→윗방→너

78. What matters is that the students don't know anything about the proposal.

오른쪽→윗방→나머지 (왼쪽→윗방→나머지 *「그것」을 설명) // 왼쪽→아랫방→너

79. We have a responsibility to other people who are counting on us for help.

왼쪽→윗방→너 (오른쪽→윗방→너 *other people을 설명)

80. Did you buy anything you had not planned to?

왼쪽→중간방→너 (오른쪽→아랫방→너 *anything을 설명)

81. No two houses that she builds are alike.

오른쪽→윗방→너 (왼쪽→윗방→나머지 *No two houses를 설명)

82. Many people who can't read are immigrants from countries where they had no chance to go to school.

오른쪽→윗방→너 (왼쪽→아랫방→너 *Many people을 설명) (왼쪽→윗방→너 *countries를 설명)

83. Those who can't read had parents who couldn't read either.

왼쪽→윗방→너 (왼쪽→아랫방→너 *those를 설명) (왼쪽→아랫방→너 *parents를 설명)

84. Many poor children attend overcrowded schools where they can't get the attention they need. 왼쪽→윗방→너 (왼쪽→아랫방→너 *schools를 설명)

85. He was dreaming of the day when he could become a hero in a big car race.

오른쪽→윗방→나머지 (왼쪽→윗방→나머지 *the day를 설명)

86. A Black Box is a flight recorder that helps to tell what happened before the crash. 오른쪽→윗방→나머지 (왼쪽→윗방→나머지 *a flight recorder를 설명) // (왼쪽→윗방→나머지 *「그것」을 설명)

87. The people were asked to look at a photo of what they want to dream about.
오른쪽→윗방→너 (왼쪽→윗방→너 *「그것」을 설명)

88. We are very sorry for any trouble you may have suffered as a result of the bus's early departure. 오른쪽→윗방→너 (오른쪽→윗방→너 *any trouble을 설명)

89. He got wet from the water that dripped on him through the many holes in the ceiling. 왼쪽→윗방→나머지 (왼쪽→윗방→나머지 *the water를 설명)

90. The only time we ate meat was over Christmas time, when the owner of the farm would kill a pig and give us a piece.
오른쪽→윗방→나머지 (왼쪽→윗방→너 *The only time을 설명) (왼쪽→윗방→나머지 *Christmas time을 설명)
(왼쪽→윗방→나머지 *Christmas time을 설명)

91. He sent out a telegram that could not have been any more brief.
왼쪽→윗방→나머지 (오른쪽→아랫방→나머지 *a telegram을 설명)

92. The English essay written by me caused concern among the teachers.
왼쪽→윗방→나머지 (<오른쪽>→윗방→<나머지> *The English essay를 설명)

93. I could not believe what I was seeing. The paper was filled with hieroglyphics, many of which I simply could not translate.
왼쪽→아랫방→나 (오른쪽→윗방→나 *「그것」을 설명) // 오른쪽→윗방→나머지 (왼쪽→아랫방→나 *hieroglyphics,를 설명)

94. They were unprepared for what they saw on the next page.
오른쪽→윗방→너 (왼쪽→윗방→너 *「그것」을 설명)

95. They were desperate, so they ended up doing all they could to survive.
오른쪽→윗방→너 // 왼쪽→윗방→너 (왼쪽→윗방→너 *all을 설명)

96. The program he outlined sounds good.
왼쪽→윗방→나머지 (왼쪽→윗방→나머지 *The program을 설명)

97. We are here to remember what the instructor taught us.
오른쪽→윗방→너 (왼쪽→윗방→나머지 *「그것」을 설명)

98. There was a dog, Joshua, the companion of a man named Dean Patrick, who has used a wheelchair since a car accident in 1999.
오른쪽→윗방→나머지 (오른쪽→윗방→나머지 *Dean Patrick을 설명)

99. DNA is information carried in our bodies. 오른쪽→윗방→나머지

100. The Cherokee Indians, who considered themselves "the real people", established their villages along the streams and rivers of the states that are called Carolina, Georgia, Virginia and Kentucky.

왼쪽→윗방→너 (왼쪽→윗방→너 *The Cherokee Indians를 설명) (오른쪽→윗방→너 *the states를 설명)